U0745649

肩关节
功能

强化训练

预防损伤、缓解慢性疼痛
与提升运动表现

闫 琪 / 著

人民邮电出版社
北京

图书在版编目（CIP）数据

肩关节功能强化训练：预防损伤、缓解慢性疼痛与提升运动表现 / 闫琪著. -- 北京 ：人民邮电出版社，2022.5
（人体运动功能强化及损伤预防训练丛书）
ISBN 978-7-115-58678-0

Ⅰ. ①肩… Ⅱ. ①闫… Ⅲ. ①肩关节—运动训练 Ⅳ. ①G808.1

中国版本图书馆CIP数据核字(2022)第027101号

免责声明

本书内容旨在为大众提供有用的信息。所有材料（包括文本、图形和图像）仅供参考，不能替代医疗诊断、建议、治疗或来自专业人士的意见。所有读者在需要医疗或其他专业协助时，均应向专业的医疗保健机构或医生进行咨询。作者和出版商都已尽可能确保本书技术上的准确性以及合理性，并特别声明，不会承担由于使用本出版物中的材料而遭受的任何损伤所直接或间接产生的与个人或团体相关的一切责任、损失或风险。

内 容 提 要

本书首先介绍了人体运动系统基础知识，并重点讲解了肩关节解剖学结构与功能，接着对肩关节损伤风险的筛查方法进行了解析，随后以真人示范、分步骤图解的方式，对强化肩关节功能的七大训练步骤及动作练习进行了详细阐释与展示，最后提供了针对不同目标的训练方案，旨在帮助读者通过科学训练预防肩关节损伤，缓解肩关节疼痛，恢复并强化肩关节功能。

- ◆ 著　　　　闫　琪
　　责任编辑　刘　蕊
　　责任印制　马振武
- ◆ 人民邮电出版社出版发行　　北京市丰台区成寿寺路 11 号
　　邮编　100164　　电子邮件　315@ptpress.com.cn
　　网址　https://www.ptpress.com.cn
　　廊坊市印艺阁数字科技有限公司印刷
- ◆ 开本：700×1000　1/16　　　　插页：1
　　印张：14.75　　　　　　　　　2022 年 5 月第 1 版
　　字数：291 千字　　　　　　　2025 年 10 月河北第 17 次印刷

定价：89.80 元

读者服务热线：(010)81055296　印装质量热线：(010)81055316
反盗版热线：(010)81055315

编 者 说 明

初识闫琪博士的"从功能到体能，从基础到专项"这一理念，是在 2019 年的"北京体能大会"上，当时闫琪博士发布了这一理论体系和思路。我们一拍即合，决定向广大的运动人群推广这一理念，相信可以帮助大家打破不少误区，纠正不少错误的训练方法，解决不少经年累月形成的、以为再也无法恢复的"老毛病"和一些虽然苦恼、却被医生认为还不需要进行医学治疗的"小毛病"。尽管闫琪博士一直在精益求精地反复推敲、论证和完善自己的理论体系，甚至直至图书成稿之后的几个月，还在吸收新的跨学科思想，不断丰富图书内容，但闫琪博士从来没有将这些新的思想"据为己有"，反而在图书筹备出版的这几年间，将自己的创新性理念毫无保留地进行了多次宣讲——在地方教练员的培训课程中，在研究生的专业课课堂上，在公开的峰会和讲座中。闫琪博士曾戏称："我的书还没有出版，大家可能就已经学会这些方法了。"这一切都源于闫琪博士"一切以运动员为中心"的信念，希望更多人能够受益。

闫琪博士在国家队从事教练员工作已经有 16 年之久，跟队服务过跳水、游泳、花样游泳等多支国家队，重点保障过施廷懋、林跃等多位获得了奥运会金牌的运动员，与专项教练、康复师、队医和心理咨询师等运动表现提升团队成员有过长期而深入的合作。对于人体的运动功能，他有着非常具有洞察力的理论研究和基于丰富案例的实践经验，是一位真正的有经验的教练。在服务国家队的过程中，闫琪博士始终秉持"一切以运动员为中心"的信念，打破固化的职责边界，不断以功能训练为中心点，一方面对医疗和康复端的工作进行观察和学习，另一方面深入钻研体能和专项端的工作，并在融会贯通之后重新树立了边界，构建了以功能为核心的桥梁，最终与赵鹏博士共同形成了"康复体能一体化"理念。

虽然"从功能到体能"这一理念是一位专业的国家队体能教练在训练精英运动员时的理论收获，但对于广大的、在活动中的普通人同样具有非凡的意义。我使用了"活动"而非"运动"这一概念，是因为我们首先要借由这一理念重新建立这样一种认知：并非只有参与运动的人才会出现运动损伤，缺乏运动的人同样会因产生运动功能障碍且未及时进行纠正和改善，最终出现运动损伤。功能是人体各个部位在保持正确位置（对位）的前提下，维持良好身体形态和姿势，不受限地完成工作、生产和生活活动的能力。人体的活动能力可以通过关节的灵活性、稳定性，以及动作模式来评价。灵活性不足与过度、稳定性缺乏，都会造成个体无法正确地完成一个动作，这包括可能看上去完成了动作，但其实是借助于身体其他本不应该参与工作的部位的力量才勉强完成的情况，也就是动作模式的不当，或者说出现了代偿。当一个本来就已经不标准的动作被高强度、高频率地重复时，这个动作就在对身体造成伤害。这个动作可能是跑步运动中的跨步，可能是高尔夫运动中的挥杆，更有可能就是此时你不正确的坐姿和刚刚在健身房里挥汗"撸铁"时的下蹲。闫琪博士的理论告诉我们，只有确保身体功能处于正常水准，大量的体育及健身锻炼对身体的作用才会是正向的。

闫琪博士的理论也基于人体区域相互依存理论。人体是一个系统性的存在，决不能头痛医头、脚痛医脚。所谓的灵活性和稳定性，不仅指具有功能障碍的这一部位的灵活性和稳定性，而且包括其相邻部位的灵活性和稳定性。强化膝关节功能的训练涉及髋关节和踝关节的灵活性强化，以及下肢和核心区的稳定性改善；强化肩关节功能的训练涉及胸椎和盂肱关节的灵活性强化，以及肩胛胸廓关节和核心区的稳定性改善；强化腰部功能的训练涉及胸椎和髋关节的灵活性强化，以及核心区的稳定性改善。在灵活性和稳定性问题得到改善后，训练者将进行动作模式训练，并在具备较好的动作质量的基础上，进一步进行功能力量训练，以提高动作能力。

闫琪博士的训练方法帮助了很多人：不仅有因为腰部损伤无法正常进行专项训练的奥运冠军，也有因膝关节慢性疼痛影响任务执行的部队战士，还有经历跟腱手术后无法下蹲的普通人，更有像我的父亲一样，虽然没有什么急性的、物理性的损伤，但因为常年驾驶车辆慢慢发展成腰椎间盘滑脱I度至II度的老年人。我相信，闫琪博士的训练方法的最大使用价值恰恰就体现在这些非专业的、缺乏运动的普通人身上，因为这些人才是遭受了功能障碍之苦而不自知，或者虽然自知却苦无解决办法的"大多数"。闫琪博士帮助了太多人，我一直难以忘记在一次公开演讲中，一位观众在目睹了闫琪博士不到5分钟就改善了一位体验者的膝关节前侧髌骨疼痛的问题后，得知闫琪博士服务于国家队，不会在任何健身房、康复诊所出现时的失望。这也是为何，我们这几年来一直在打磨这套"人体运动功能强化及损伤预防训练丛书"，并希望它能尽快面世。希望这套书能够成为健身教练们的有力武器，帮助他们解决客户（也就是广大的运动爱好者们）的问题，也希望这套书能到达运动爱好者的手中，帮助他们更好地享受运动的乐趣，更希望这套书能被缺乏运动的普通人发现和使用，使他们接受闫琪博士的理念，获得更好的身体活动能力！

动作视频在线观看说明

为了帮助训练者快速掌握动作技术，科学进行锻炼，本书提供了大部分动作练习的演示视频，具体可通过以下步骤在线观看。

步骤 1 打开微信"扫一扫"（图 1）。

图 1

步骤 2 扫描动作练习页面上的二维码（图 2 和图 3）。

图 2

图 3

步骤 3 如果您尚未关注微信公众号"人邮体育"，扫描后会出现"人邮体育"的二维码（图 4）。请根据说明关注"人邮体育"（图 5），并在关注后点击"资源详情"（图 6），即可进入动作视频在线观看页面（图 7）。如果您已关注微信公众号"人邮体育"，扫描后可直接进入动作视频在线观看页面。

图 4

图 5

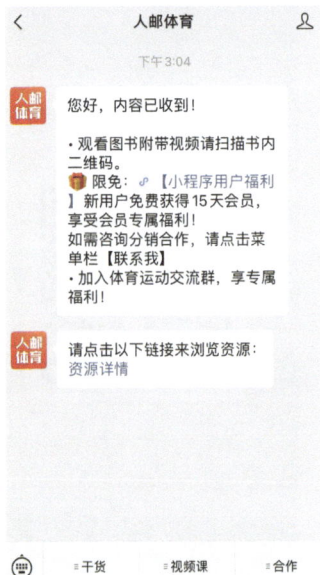

图 6

图 7

目 录

第 二 章　肩关节损伤风险筛查

第 三 章

肩关节功能强化
训练策略与动作练习

第 四 章　肩关节功能强化训练方案

第 一 章

人体运动系统
基础知识及
肩关节结构与功能

　　运动解剖学是人体运动学领域极其重要的研究内容。在学习人体运动有关知识时，了解运动解剖学原理是必要的前提。它可以帮助我们很好地理解人体各个部位是如何工作的，以及是如何协调合作产生整个身体的运动的。

　　因此，本章将讲述人体运动系统的基础知识，并帮助大家了解肩关节的结构与功能。

1.1 人体运动系统基础知识

1.1.1 解剖学基本方位与术语

为了深入了解人体各部位的相对关系，我们需要有一个广泛认可的基本参考。例如，什么是解剖学中的标准体位或姿势，什么是前面和后面，什么是上部和下部，什么是内侧和外侧，以及什么是远端和近端等。

人体标准解剖学姿势

人体标准解剖学姿势指的是：身体直立，双脚并拢，脚尖朝前，双臂下垂，掌心向前。在学习人体运动系统有关知识时，无论身体处于什么姿势，一切与方位有关的描述均建立在人体标准解剖学姿势的基础上。

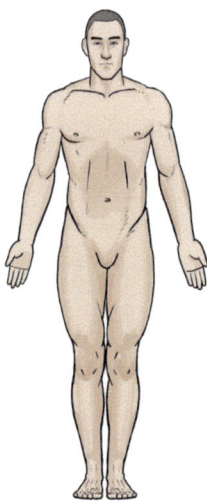

人体标准解剖学姿势：前面　　　　人体标准解剖学姿势：后面

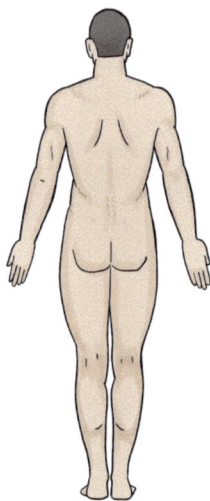

前面和后面，上部和下部，内侧和外侧，以及近端和远端等，都是相对而言的状态。靠近腹部的位置是前面，靠近背部的位置是后面。离头部更近的位置是上部，反之，离脚部更近的位置为下部。靠近身体正中线的位置为内侧，远离身体正中线的位置为外侧（在四肢中，上肢的内侧也叫尺侧，外侧也叫桡侧；下肢的内侧也叫胫侧，外侧也叫腓侧）。四肢靠近躯干或身体中心的位置为近端，远离躯干或身体中心的位置为远端。

人体各部位

人体基本可分为头部、颈部、躯干和四肢。四肢指的是上肢（上臂、前臂和双手）和下肢（大腿、小腿和双脚）。躯干部分主要指除头部、颈部和四肢以外的部分。

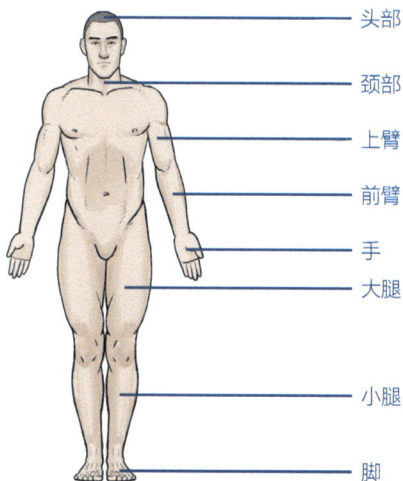

头部
颈部
上臂
前臂
手
大腿
小腿
脚

人体各部位

人体基本切面

想象有平面能够穿过身体，将其分为两个部分，并由此获得三个人体基本切面：矢状面、冠状面和水平面。这三个平面两两之间互相垂直。

矢状面：垂直穿过身体，将身体分为左、右两部分的平面。

冠状面：垂直穿过身体，将身体分为前、后两部分的平面。

水平面：平行于地面，将身体分为上、下两部分的平面。

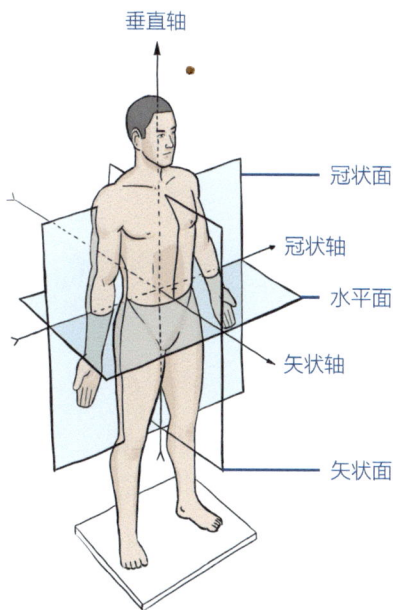

垂直轴
冠状面
冠状轴
水平面
矢状轴
矢状面

人体基本切面和基本运动轴

人体基本运动轴

人体有三个基本运动轴：矢状轴、冠状轴和垂直轴。这三条轴线两两之间互相垂直。

矢状轴：从前向后穿过身体，与冠状面垂直且与水平面平行的轴线。

冠状轴：从左向右穿过身体，与矢状轴垂直且与水平面平行的轴线。

垂直轴：从上向下穿过身体，与水平面垂直的轴线。

1.1.2 骨、关节与肌肉

骨

　　成年后的人体具有 206 块骨。这些骨相互连结，构成了人体的基本支架。人体的骨按形状主要可分为长骨、短骨、扁骨和不规则骨等：长骨为冠状，中间细长，两端膨大，主要分布于四肢；短骨近似于方形，主要分布于腕部和踝部；扁骨呈略薄的板状；不规则骨的形状无固定特点。

　　躯干骨包括 26 块椎骨（7 块颈椎、12 块胸椎、5 块腰椎、1 块骶骨和 1 块尾骨）、24 块肋骨以及 1 块胸骨。其中，椎骨是典型的不规则骨，胸骨是典型的扁骨。

　　上肢骨包括 4 块上肢带骨（2 块锁骨和 2 块肩胛骨）及 60 块自由上肢骨（2 块肱骨、2 块尺骨、2 块桡骨和 54 块手骨）。其中，肱骨、尺骨和桡骨是典型的长骨。

　　下肢骨包括 2 块下肢带骨（即髋骨）和 60 块自由下肢骨（2 块股骨、2 块髌骨、2 块胫骨、2 块腓骨以及 52 块足骨）。其中，髋骨是全身最大的不规则骨，股骨是最长的长骨。

　　颅骨有 29 块，主要由扁骨和不规则骨构成。

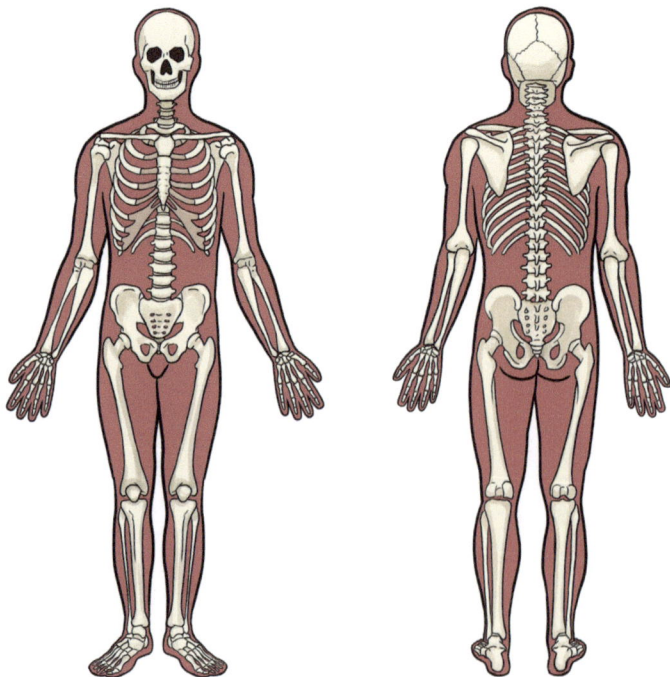

全身骨骼

关节

骨与骨之间的相互连结分为直接连结和间接连结。通过结缔组织、软骨组织或者直接愈合等方式无腔隙连结称为直接连结。通过囊性结构相连，中间有空隙，能够方便活动的，则称为间接连结，即人们所熟知的关节。

关节的分类

关节的分类方式主要有四种：按照构成关节的骨的数目分类；按照关节的运动形式分类；按照关节面的形状分类；按照运动轴的数目分类。

按照构成关节的骨的数目可将关节分为单关节（由2块骨构成，例如髋关节）和复关节（由2块以上的骨构成，例如肘关节）。

按照关节的运动形式可将关节分为单动关节和联合关节。例如，肩关节可以不依赖别的关节独立运动，属于单动关节；桡尺近侧关节和桡尺远侧关节共同作用完成前臂的旋前和旋后运动，属于联动关节。

按照关节面的形状可将关节分为平面关节、球窝关节、杵臼关节、圆柱关节、椭圆关节、鞍状关节及滑车关节。各类关节的特点如下表所示。

按照运动轴的数目可将关节分为单轴关节、双轴关节以及多轴关节。

名　称	特　点	运 动 轴	举　例
平面关节	两端的关节面都是平面状，只能做范围很小的运动	多轴	肩锁关节
球窝关节	一端的关节面为球面，另一端的关节面为凹面，凹面比球面小，可以绕多个轴运动	多轴	肩关节
杵臼关节	与球窝关节类似，不同的是，其凹面比球面大	多轴	髋关节
圆柱关节	一端的关节面为柱状，另一端的关节面为环状，只能绕垂直轴运动	单轴	桡尺近侧关节
椭圆关节	一端的关节面为椭圆形凸面，另一端的关节面为相适应的凹面	双轴	桡腕关节
鞍状关节	两端的关节面都形似马鞍	双轴	拇指腕掌关节
滑车关节	一端的关节面为滑车状凸面，另一端的关节面为相适应的凹面	单轴	肱尺关节

关节的运动

关节的运动主要围绕运动轴进行，可分为以下几种形式。

屈曲和伸展：身体某环节绕关节的冠状轴在矢状面内的运动。能进行屈曲和伸展的关节有肩关节、肘关节、腕关节、髋关节、膝关节、踝关节及椎骨间的关节等。例如，在弯举动作中，前臂向前运动时即为在肘关节处屈曲，向后运动时即为在肘关节处伸展。膝关节和踝关节则正好相反，小腿和足部向后运动为屈曲，向前运动为伸展。

水平屈曲和水平伸展：上臂或大腿以外展状态，围绕垂直轴在水平面上向前运动为水平屈曲（也叫水平内收），向后运动为水平伸展（也叫水平外展）。

内收和外展：身体某环节绕关节的矢状轴在冠状面的运动，靠近身体为内收，远离身体为外展。能进行内收和外展的关节有肩关节、髋关节、腕关节和踝关节等。例如，双臂向身体两侧张开时即为外展，向身体靠拢时即为内收。

旋内和旋外：身体某环节绕关节的垂直轴在水平面上的运动，又称为回旋或旋转运动。其中，身体环节由前向内旋转为旋内或旋前，由前向外旋转为旋外或旋后。此外，躯干的旋转分为旋左和旋右，而不是旋前和旋后。

环转：身体某环节可绕两个及以上的运动轴做环转运动。例如，上臂以肩关节为支点画圈。

特殊运动：肩胛骨的上提和下降，以及上回旋和下回旋；脊柱的侧屈。

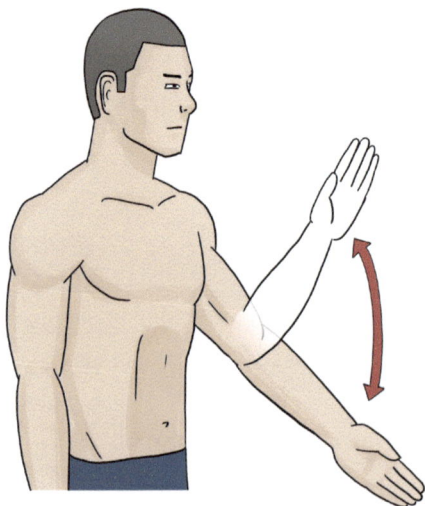

肘关节的屈曲（向上）和伸展（向下）　　　　肩关节的水平屈曲（向前）和水平伸展（向后）

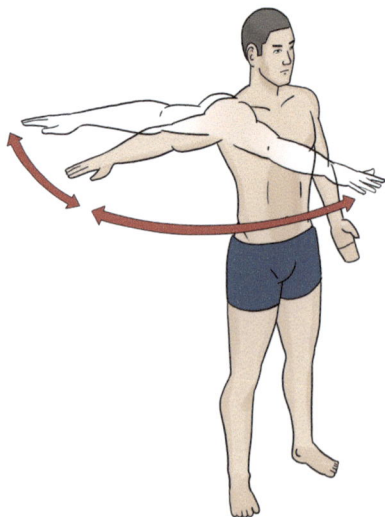

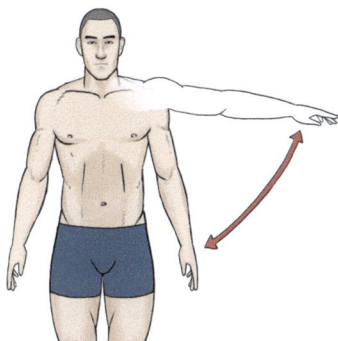

肩关节的内收（向下）和外展（向上）

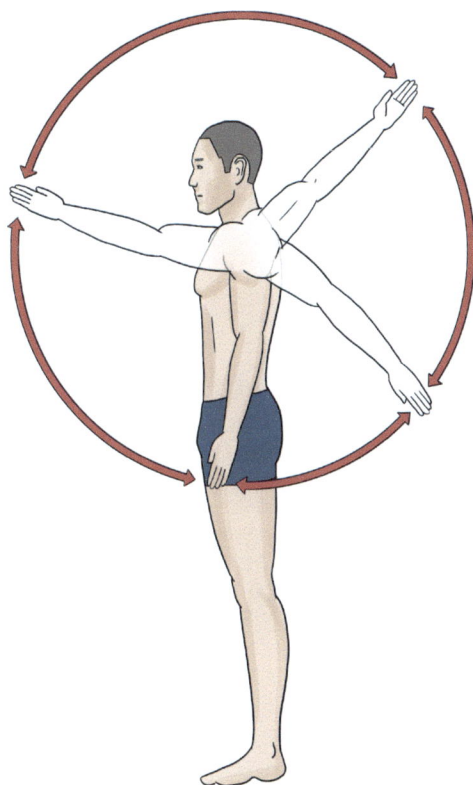

前臂的旋前（向内）和旋后（向外）

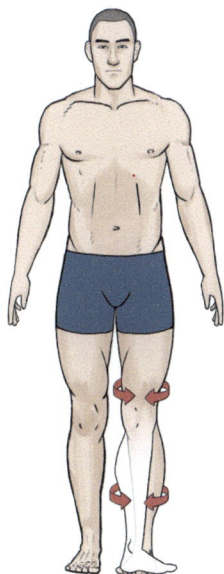

肩关节的环转

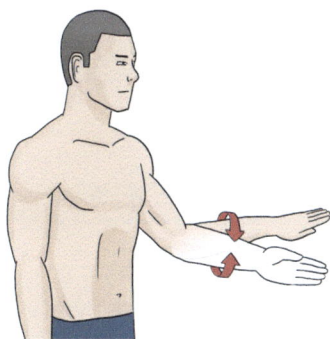

髋关节的旋内（向内）和旋外（向外）

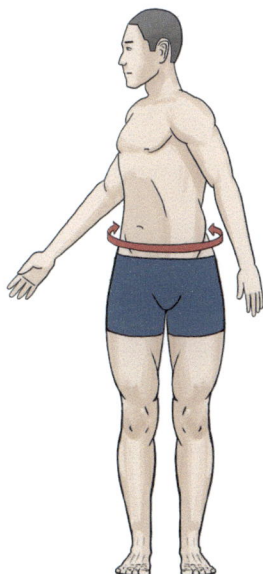

脊柱的旋转

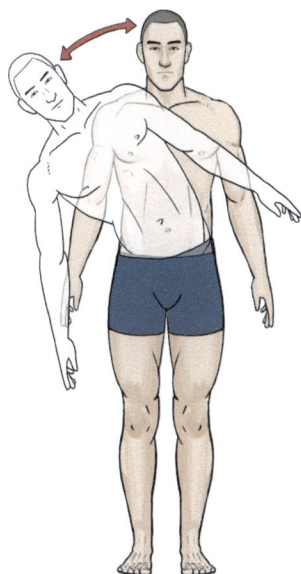

脊柱的侧屈

肌肉

肌肉是人体的重要组成部分，主要存在于躯干和四肢，附着在骨骼上。成年人的肌肉含量约为体重的 35%~45%。运动员或经常参加体育运动的人，肌肉含量更高。

肌肉的起止点

肌肉的两端附着的点分别为肌肉的起点和止点。通常，靠近身体近端或内侧的附着点为起点，靠近身体远端或外侧的附着点为止点。肌肉的两端通常附着在不同的骨上，收缩时，即可拉动不同的骨相互靠近，产生运动。

根据肌肉跨越关节的数目，可将肌肉分为单关节肌、双关节肌以及多关节肌。不同类型的肌肉的主要特征如下表所示。

肌 肉 类 型	主 要 特 征	举 例
单关节肌	跨越一个关节	肱肌（仅跨越肘关节）
双关节肌	跨越两个关节	股四头肌（跨越髋关节和膝关节）
多关节肌	跨越两个以上关节	指浅屈肌（跨越手部多个关节）

肌肉的近固定与远固定

肌肉收缩时，通常一个端点固定，另一个端点移动。固定的端点称为定点，移动的端点称为动点。当固定的端点位于身体近端时，称为近固定。例如，做弯举动作时，肱二头肌位于上臂的近端附着点固定，位于前臂的远端附着点移动，从而使前臂向靠近上臂的方向运动。当固定的端点位于身体远端时，称为远固定。例如，做引体向上时，肱肌位于前臂的远端附着点固定，位于上臂的近端附着点移动，从而使上臂向靠近前臂的方向运动。

另外，描述躯干部位的某些肌肉时，通常上方端点固定时用上固定表示，下方端点固定时用下固定表示。当肌肉两端皆无固定时，用无固定表示。例如，跳跃腾空时，腹直肌上端和下端均处于游离状态。

肌肉的协作关系

根据肌肉的工作性质及其协作关节，可将肌肉分为主动肌、拮抗肌、协同肌和稳定肌四种类型。收缩时能引起关节运动的主要肌肉，即为主动肌（或原动肌），它是肌肉收缩的主要动力来源。与主动肌相对抗的阻止关节运动的肌肉，即为拮抗肌（或对抗肌）。通常，同一个关节处的主动肌和拮抗肌功能相反，互为拮抗。肌肉收缩时，起协调作用以辅助关节产生运动的肌肉，即为协同肌。维持身体环节稳定姿势或状态的肌肉，即为稳定肌（或固定肌）。

例如，在做弯举动作时，产生收缩的肌肉主要是肱二头肌，它属于主动肌；另外，肱肌也进行了收缩，可以将其作为主动肌，也可以作为协同肌；肱三头肌被拉长以对抗肱二头肌的运动，属于拮抗肌；肩胛提肌、菱形肌、前锯肌等使肩胛骨维持稳定，以保证屈肘动作的顺利完成，属于稳定肌。

开链运动与闭链运动

什么是运动链？

首先想象身体具有若干链条，它们将身体不同的环节通过关节按照顺序连接起来，这就是运动链。例如，一侧上肢通过肩、上臂、肘、前臂、腕以及手构成了一条运动链；一侧下肢通过髋、大腿、膝、小腿、踝以及足构成了一条运动链。

当一条运动链的近端固定、远端游离时，即为开链，此时游离的远端可以运动。开链时，可以一个关节单独运动，也可以多个关节同时运动。例如，上肢处于开链状态时，在肩部固定的情况下，可以进行单关节运动的弯举动作，也可以进行多关节运动的挥拍动作。

反之，当一条运动链的远端固定、近端游离时，即为闭链，此时身体近端通常做多关节协调活动，不能做单关节运动。例如，当下肢处于闭链状态时，在双脚处于地面固定的情况下，髋关节、膝关节和踝关节共同运动，完成下蹲、起立、行走等动作。

通常，在康复性训练的早期，采用闭链运动锻炼身体的稳定性和控制能力比较合适；在稳定性得到加强的后期，可以进行开链运动，有针对性地强化单一肌肉或关节功能。然而，无论是开链运动还是闭链运动，都有其各自的特点和优势。在训练中，要根据训练者的实际情况选择最合适的训练动作。

开链运动示例

闭链运动示例

1.2 肩关节结构与功能

1.2.1 肩关节的解剖学结构

盂肱关节与肩关节复合体

　　狭义的肩关节指盂肱关节。真正广义上的肩关节并不只是一个关节，而是指肩部的整个复合结构，是一个"肩关节复合体"。构成肩关节复合体的部位包括肩胛骨、锁骨、胸骨、肱骨与胸廓。其中，胸骨与锁骨构成胸锁关节，锁骨与肩胛骨构成肩锁关节，肱骨与肩胛骨通过肩胛骨上的关节盂相连形成盂肱关节，肩胛骨依附在胸廓上构成肩胛胸廓关节。

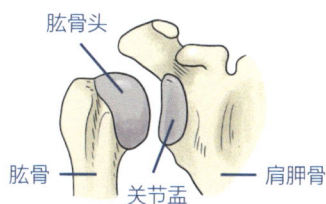

盂肱关节的关节面（前面）

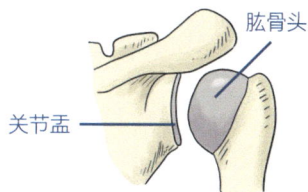

盂肱关节的关节面（后面）

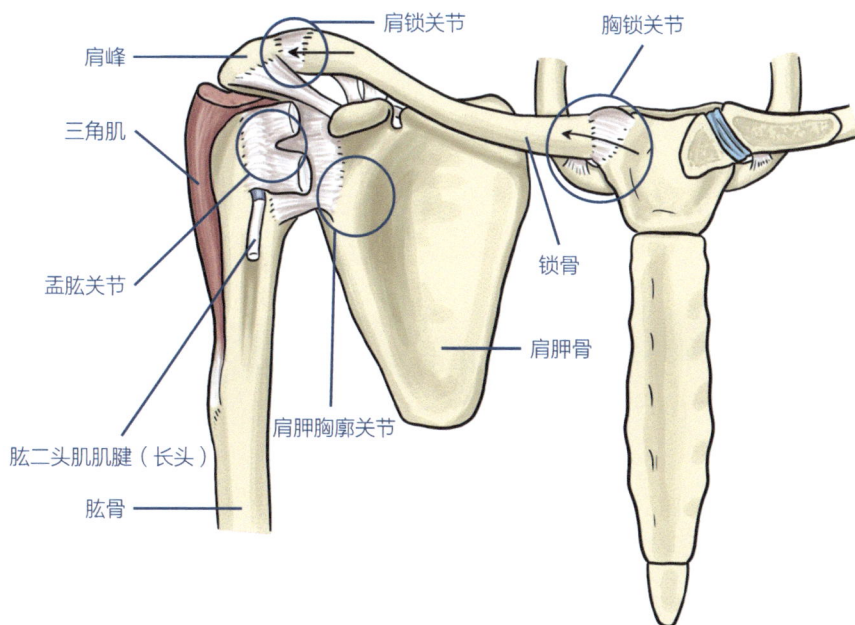

肩关节复合体

肩关节韧带

肩关节具有非常大的活动范围，可以说是人体最灵活的关节，因此周围有许多韧带辅助，以加固结构、增强稳定性。

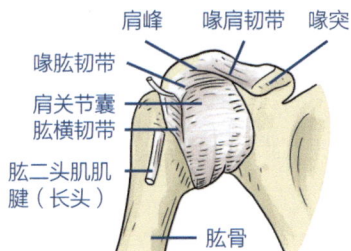

肩关节囊和韧带（前面）

盂肱韧带

盂肱韧带位于关节囊前壁的深层，从关节盂的前上部，斜向外下方延伸至肱骨小结节，分为上、中、下 3 束，有加固肩关节前部的作用。

喙肱韧带

喙肱韧带位于肩关节上方，由喙突延伸至肱骨大结节，部分纤维与关节囊上部融合，有加固肩关节上部、限制肱骨外旋及防止肱骨头向上方脱位的作用。

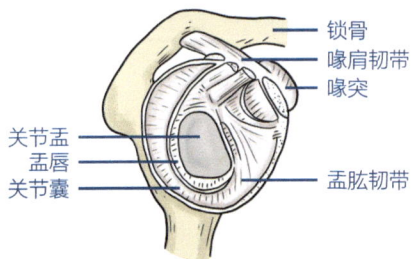

切开的肩关节囊（前外侧）

肱横韧带

肱横韧带横架于结节间沟上方，连接于肱骨大结节、小结节，是肱骨的固有韧带。它与结节间沟围成管状结构，肱二头肌长头腱从中穿过并受到约束作用。

喙肩韧带

喙肩韧带连接肩峰与喙突，可防止肱骨头向内上方脱位。

肱二头肌长头腱

肱二头肌长头腱位于关节囊壁内，从盂上结节穿过肱横韧带与结节间沟围成的管状结构，移行成肱二头肌长头。

喙锁韧带

喙锁韧带连接锁骨下面的喙突粗隆与肩胛骨的喙突，维持肩胛骨在垂直方向上的稳定，防止锁骨的肩峰端向前或向后滑动。

1.2.2 肩关节的运动

肩关节可围绕冠状轴、矢状轴及垂直轴运动。在矢状面上，上臂可在肩关节处绕冠状轴进行屈、伸运动。在冠状面上，上臂可在肩关节处绕矢状轴进行外展和内收运动。在水平面上，上臂可在肩关节处绕垂直轴做内旋（旋前）和外旋（旋后）运动。此外，肩关节还可绕多个运动轴进行复合运动——上臂处于水平位置时，可在肩关节处进行水平屈（水平内收）和水平伸（水平外展）运动；上臂可在肩关节处在多个平面内、绕多个运动轴进行环转运动。

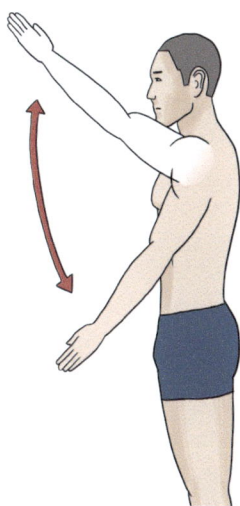

肩关节的屈曲（向上）和伸展（向下）　　　　肩关节的内旋（向内）和外旋（向外）

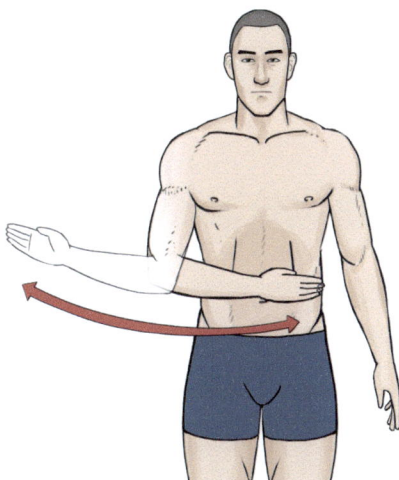

涉及肌肉

使肩关节屈曲的肌肉主要是三角肌前束、胸大肌、喙肱肌、肱二头肌。

使肩关节伸展的肌肉主要是三角肌后束、背阔肌和大圆肌。

使肩关节内旋的肌肉主要是三角肌前束、肩胛下肌、大圆肌、胸大肌和背阔肌。

使肩关节外旋的肌肉主要是三角肌后束、冈下肌和小圆肌。

使肩关节内收的肌肉主要是胸大肌、背阔肌、大圆肌、三角肌前束和后束、喙肱肌及肱三头肌。

使肩关节外展的肌肉主要是三角肌中束和冈上肌。

稳定肩胛骨的肌肉主要是胸小肌、背阔肌、胸大肌、斜方肌、前锯肌。

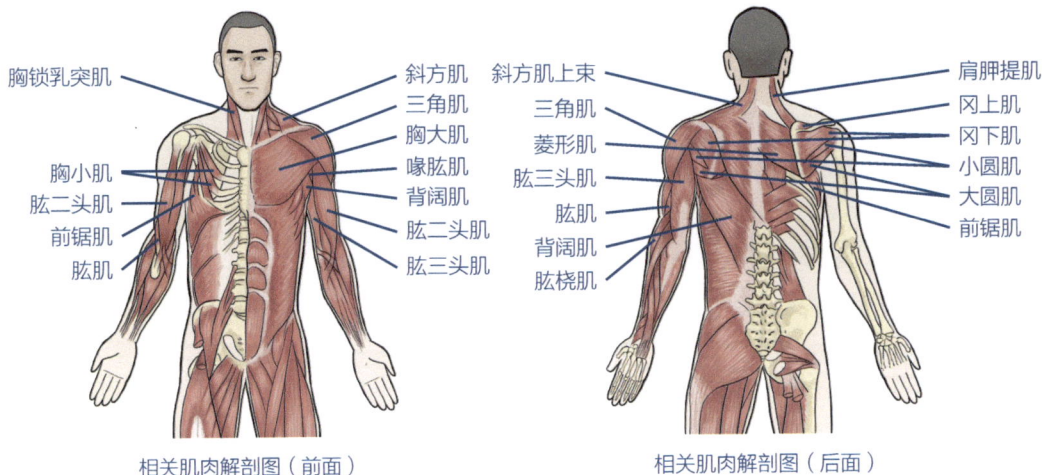

相关肌肉解剖图（前面）

胸锁乳突肌
胸小肌
肱二头肌
前锯肌
肱肌

斜方肌
三角肌
胸大肌
喙肱肌
背阔肌
肱二头肌
肱三头肌

相关肌肉解剖图（后面）

斜方肌上束
三角肌
菱形肌
肱三头肌
肱肌
背阔肌
肱桡肌

肩胛提肌
冈上肌
冈下肌
小圆肌
大圆肌
前锯肌

肩袖

　　肩袖又叫旋转袖，是包绕在肱骨头周围的一组肌腱复合体。肱骨头的前方为肩胛下肌肌腱，上方为冈上肌肌腱，后方为冈下肌肌腱和小圆肌肌腱。这些肌腱最重要的作用是将肱骨头稳定于肩胛盂上，从而对维持肩关节的稳定和肩关节活动产生重要影响。此外，肩袖可带动肩关节进行内旋、外旋和上举运动。

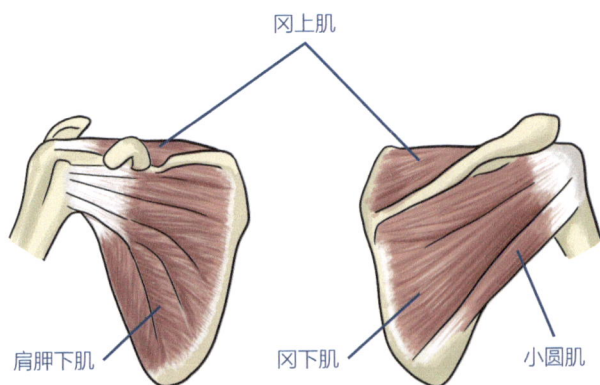

冈上肌

肩胛下肌　　　冈下肌　　　小圆肌

肩袖肌群［前面（左）和后面（右）］

肩肱节律

肩肱节律是指肩关节在冠状面做外展运动时肩胛骨和肱骨的运动规律。

当一个人正常站立时，可以认为其肩胛骨和肱骨均处于 0 度的位置；

当上肢外展的角度不超过 30 度时，肱骨同步外展相同的角度，但肩胛骨基本不动；

当上肢外展的角度超过 30 度且不超过 90 度时，肱骨每外展 1 度，肩胛骨上回旋 1 度，即肱骨和肩胛骨的运动角度比为 1:1；

当上肢外展的角度超过 90 度且不超过 180 度时，肱骨每外展 2 度，肩胛骨上回旋 1 度，即肱骨和肩胛骨的运动角度比为 2:1；

当上肢完全外展上举至 180 度时，肱骨外展了 120 度，肩胛骨上回旋了 60 度，即肱骨和肩胛骨的运动角度总比例为 2:1。

如上所述，在肌张力正常的情况下，肩关节外展运动以平稳、有规律的模式进行。

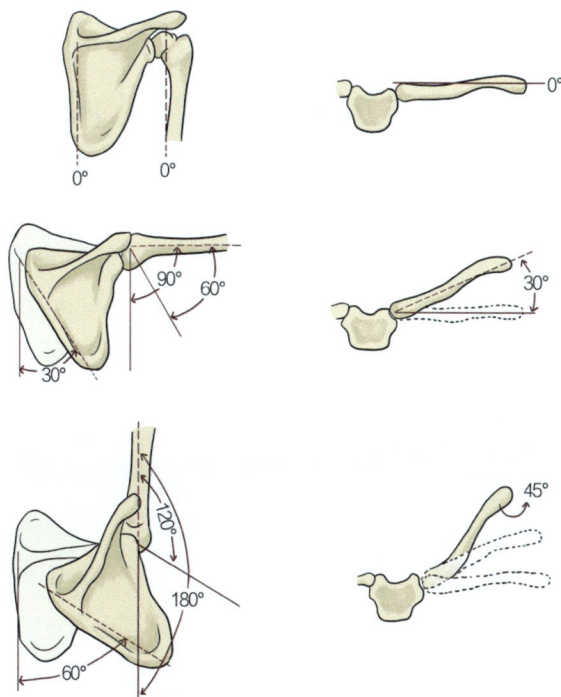

肩肱节律示意图

案例分享一：某游泳队运动员的肩关节功能强化训练体验

— 案例简介 —

- **基本信息**：女，国家游泳队运动员，2018 年世界短池游泳锦标赛女子 4×200 米自由泳接力冠军，2018 年雅加达亚运会女子 4×200 米自由泳接力冠军。
- **受伤原因**：长期进行高强度蝶泳专项训练导致左肩旧伤复发，严重时无法做抬臂动作（距离 2018 年雅加达亚运会开幕 2 个月时）。
- **治疗历程**：理疗，针灸，康复训练。
- **治疗效果**：症状改善不明显且经常反复，伤情逐渐加重。

本人陈述：游泳项目对肩关节功能的要求很高，运动员每天都需要进行几千次的挥臂划水训练。早年训练时，我的肩部发生了拉伤，但具体位置并不明确，而后又在未进行治疗的情况下坚持训练，导致形成习惯性肩部损伤，并进一步造成在力量训练后抬臂时感到疼痛。

2018 年备战雅加达亚运会期间，我的训练内容常常包括以蝶泳和自由泳交替的形式进行比赛强度冲刺，这直接导致我的肩部损伤复发，在水中划水时无法发力，水面移臂动作伴随肩部剧痛。肩部的损伤和疼痛让我无法进行高强度训练，影响了整体的备战进度。教练安排我一边治疗，一边跟随闫琪博士进行功能训练。经过一系列评估后，闫琪博士发现我的肩部外旋功能受限，肩部周围肌肉非常紧张，肩部"内扣"严重。因此，闫琪博士应用功能训练方法首先帮助我充分放松了紧张的肌肉——经过 20 分钟左右的练习，我的肩部活动度出现了大幅度的改善，抬臂时的疼痛明显减轻，肩部外旋功能基本恢复正常水平。在进行三周功能训练后，我的肩部功能得到明显改善，完成专项动作时已经完全没有疼痛，并且可正常进行高强度训练。在之后的训练和比赛中，我坚持按照闫琪博士教授的功能训练方式，使肩关节保持良好的灵活性和稳定性，并增加了水中手臂动作的伸展性（划幅增加，流线型效果更好）。至此，我迎来了竞技生涯的巅峰期，先后和队友夺得了雅加达亚运会女子 4×200 米自由泳接力金牌及世界短池游泳锦标赛女子 4×200 米自由泳接力金牌。

　　闫琪博士的肩关节功能强化训练方法逻辑清晰，改善效果明显。希望和我一样常年受到肩部伤病困扰的运动员能够通过这些高效的训练，早日摆脱伤病折磨，继续创造优异成绩。

案例分享二：某出版行业从业人员的肩关节功能强化训练体验

- 案例简介 -

- 基本信息：女，出版行业从业人员。
- 受伤原因：肩袖损伤，抬臂受限；由于颈椎反弓连带肩部肌肉酸胀、僵硬，并进一步引起肩胛骨（缝隙）附近反射性疼痛，给工作和生活造成困扰。
- 治疗历程：理疗，按摩，贴膏药，针灸，打封闭针，口服止痛药物。
- 治疗效果：短期内疼痛有所缓解，但长期症状反复，未解决实际问题。

　　本人陈述：我的颈椎存在酸胀、疼痛和反弓问题 15 年有余，导致周边肌肉紧张、筋膜粘连，并进一步引起肩部僵硬、肩胛骨两侧肌肉疼痛问题 8 年有余，同时伴有胸椎不适问题。2021 年 3 月，我的左侧肩袖及肩关节发生损伤，活动受限，不能做抬臂、肩部环绕及后伸动作。同年 8 月，我有缘结识了闫琪教练并参加了他推广的功能训练课程，接受了系统、精准的功能训练指导。目前，我的肩部已无大碍，其他疼痛和损伤问题得到有效改善。通过闫琪教练科学、系统的指导，我掌握了通过科学的放松训练缓解身体肌肉、骨骼不适造成的痛楚，以及保持正确的活动方式和身体姿态（站姿、坐姿）的方法。以往，我遇到疼痛问题就去进行按摩治疗，希望"以痛止痛"，虽然缓解一时但得不到根本的改变。接触功能训练之后，我感受到了科学训练带来的变化，实现了自我治疗的目的，掌握了筋膜球、花生球等便携放松器械的使用方法，受益匪浅。但我最大的感受是：功能训练是科学、系统化的，是可以预防肌肉骨骼受损、减缓痛感的，是适合各类人群且应该被普及推广的。生命在于运动，训练更要讲科学！

第 二 章

肩关节损伤
风险筛查

肩关节是一个拥有极大灵活性的关节，可在各个平面上进行运动。不论是在篮球、排球和网球等需要大量投掷、挥拍和过顶等动作的体育运动中，还是在日常生活及工作中，肩关节都承担着重要作用。大量的重复性运动、稳定性相对较差的解剖学结构以及不佳的身体姿势或动作模式等导致肩关节成为最容易发生力学过载、疼痛和损伤的关节之一。

本章将介绍肩关节常见损伤，并讲解如何通过呼吸观察、灵活性筛查和活动度筛查等方法对肩关节的损伤风险进行筛查。

2.1 肩关节损伤的常见类型

肩关节损伤类型有很多，常见的有肩关节撞击综合征、粘连性肩关节囊炎和肩袖损伤。

2.1.1 肩关节撞击综合征

肩关节撞击综合征指肩部前屈、外展时，肱骨大结节与喙肩弓反复撞击，导致肩峰下滑囊炎症、肩袖组织退变，甚至撕裂，引起肩部疼痛、活动障碍，是对单独的或混合多样因素引起的肩前方或前外上方疼痛的总称。

产生肩关节撞击综合征的主要原因有：患有上交叉综合征；肩关节稳定性差；重复进行投掷、挥拍和手臂过顶运动等。

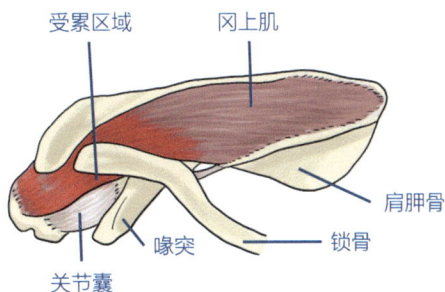

肩关节撞击综合征示意图

2.1.2 粘连性肩关节囊炎

粘连性肩关节囊炎也称肩周炎，是肩关节周围肌肉、韧带、肌腱、滑囊、关节囊等软组织损伤、退变而引起的一种慢性炎症。该炎症会影响肩关节的功能，减少肩关节的活动范围，产生疼痛等一系列症状，且其病变特点广泛。

产生肩周炎的主要原因有：存在肩关节既往损伤；患有风湿性疾病；肌力不平衡；上肢推或拉的动作模式不正确；过度训练等。

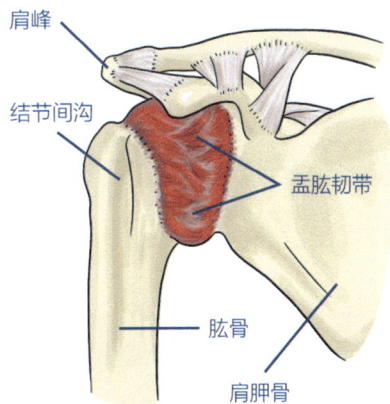

粘连性肩关节囊炎示意图

2.1.3 肩袖损伤

　　肩袖损伤是一种常见的肩关节损伤，指肩袖肌肉（冈上肌、冈下肌、小圆肌及肩胛下肌）或肌腱（详见 1.2.2）发生撕裂。其主要症状为肩关节外侧区域及上举手臂时有疼痛感，且上举手臂过肩或过顶时疼痛加剧，同时可能伴随伤侧手臂无力及肩关节活动范围受限。

　　产生肩袖损伤的主要原因有：患有上交叉综合征；肩关节稳定性差；肩部肌肉紧张且力量较弱；重复进行投掷、挥拍和手臂过顶运动；因年龄增加导致的肩袖功能退化等。

受累区域

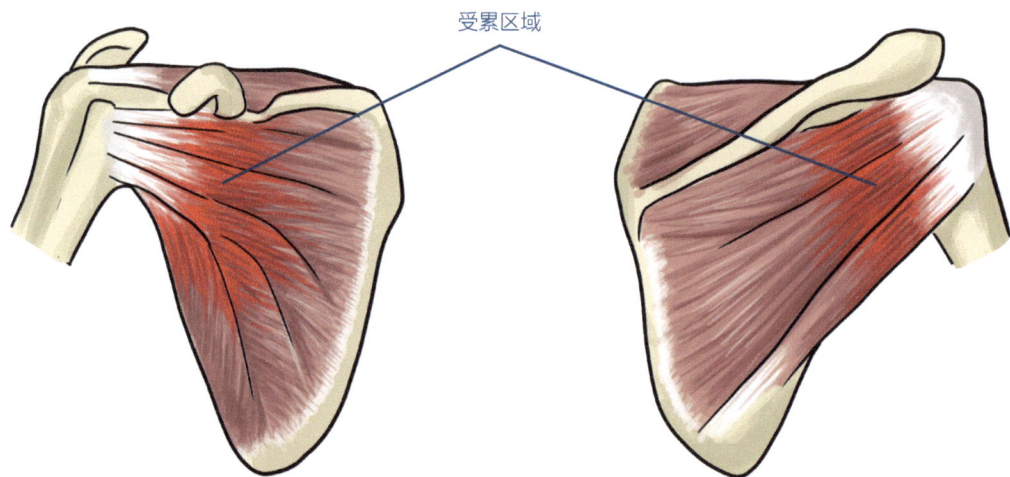

肩袖损伤示意图

2.2 肩关节损伤的风险筛查方法

　　肩关节产生损伤的原因有多种，例如先前已有损伤未完全恢复、不良的动作模式、错误的训练安排及偶然的因素等。我们无法避免偶然因素，但是却可以控制非偶然因素。通过对肩关节损伤风险进行筛查，我们可以判断伤病是否完全恢复及恢复的程度，改善不良的动作模式，提高动作质量，以及有针对性地制定训练方案等。

　　在对肩关节损伤风险进行筛查时，需要先对呼吸功能进行观察，然后对肩关节进行排除性（针对肩峰撞击）和灵活性筛查，最后对肩关节活动度与胸椎灵活性进行筛查。

2.2.1 呼吸观察

— 筛查步骤 —

自然站立,保持正常呼吸,
然后当一次呼气结束后,
用手捏住鼻子屏气。

— 筛查重点 —

评估屏气时间,以确认
呼吸功能是否存在问题。

— 结果分析 —

- 如果屏气时间大于等于 25 秒,则通过筛查;
- 如果屏气时间小于 25 秒,则没有通过筛查;
- 一旦在完成筛查动作的过程中出现疼痛,则说明存在损伤风险。

2.2.2 肩峰撞击排除性筛查

– 筛查步骤 –

自然站立，左臂自然置于体侧，右臂向上屈肘并用右手触摸对侧肩关节，使右肘在
身体中线上，然后上抬右肘至与地面平行；完成后，换另一侧进行筛查。

– 筛查重点 –

过程中肩关节是否出现疼痛。

– 结果分析 –

- 如果两侧肩关节都未出现疼痛，则通过筛查；
- 如果任何一侧肩关节出现疼痛，则没有通过筛查，有损伤风险。

2.2.3 肩关节灵活性双侧筛查

– 手部特写 –

– 筛查重点 –

测量双拳最近的指节之间的距离，以观察肩关节的灵活性及左右两侧是否存在不对称的情况。

– 注意事项 –

- 保持躯干及下肢直立；避免过度用力伸够。

– 筛查步骤 –

自然站立，右臂屈肘握拳（拇指被其余四指包裹）置于颈部后方，拳心朝前；左臂屈肘握拳（拇指被其余四指包裹）置于胸部后方，拳心朝后；双拳沿脊柱尽量向对方靠近；完成后，交换双拳位置重复上述动作。

– 结果分析 –

- 如果双拳之间的距离小于等于本人一个半手掌（手掌的长度指远端腕横纹到中指指尖的距离）的长度，则通过筛查；
- 如果双拳之间的距离大于本人一个半手掌的长度或双拳交换位置后距离相差明显（超过 5 厘米），则没有通过筛查，有损伤风险；
- 一旦在完成筛查动作的过程中出现疼痛，则说明存在损伤风险。

2.2.4 肩关节灵活性单侧筛查

— 筛查重点 —

观察双手是否可触及对侧的肩胛上角和肩胛下角，以分别评估肩关节左右两侧的外旋灵活性（对应伸够肩胛上角）及内旋灵活性（对应伸够肩胛下角）。

— 筛查步骤 —

1. 自然站立，左臂自然置于体侧，右臂屈肘置于颈部后方，右手四指并拢（掌心向前）并向左下方伸够左侧肩胛上角。

2. 右臂下放并屈肘置于胸部后方,右手四指并拢(掌心向后)并向左上方伸够左侧肩胛下角。完成后，换另一侧进行筛查。

— 注意事项 —

- 保持躯干及下肢直立；不要过度用力伸够。

— 结果分析 —

- 如果双手均可触及对侧的肩胛上角和肩胛下角，则通过筛查；
- 如果任何一只手未能触及对侧的肩胛上角或肩胛下角，则没有通过筛查，有损伤风险；
- 一旦在完成筛查动作的过程中出现疼痛，则说明存在损伤风险。

2.2.5 肩关节外旋活动度筛查

1

2

≥ 80 度: 合格

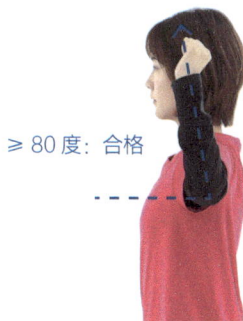

— 筛查目的 —

评估肩关节外旋的灵活性，同时观察左右两侧是否存在不对称的情况。

— 筛查重点 —

观察前臂向上转动的幅度（与水平面的夹角）。

— 筛查步骤 —

1 双脚并拢站立，右臂自然置于体侧，左臂屈肘90 度上抬至与地面平行且上臂与肩关节呈一条直线，左手掌心向下。

2 左臂上臂保持位置不变，前臂围绕上臂向上转动。完成后，换另一侧进行筛查。

— 注意事项 —

- 抬起的手臂的上臂始终保持水平且与肩关节呈一条直线；
- 保持躯干及下肢直立；
- 避免过度用力。

— 结果分析 —

- 如果前臂（单侧或双侧）向上转动的幅度小于 80 度，或双侧前臂向上转动的幅度相差明显（超过 5 度），则筛查结果为"不合格，有损伤风险"；
- 如果双侧前臂向上转动的幅度大于等于 80 度，且双侧前臂向上转动的幅度相差不明显（不超过 5 度），则筛查结果为"合格"；
- 一旦在完成筛查动作的过程中出现疼痛，则说明存在损伤风险。

2.2.6 肩关节内旋活动度筛查

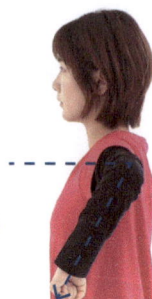

≥ 70 度：合格

– 筛查目的 –

评估肩关节内旋的灵活性，同时观察左右两侧是否存在不对称的情况。

– 筛查重点 –

观察前臂向下转动的幅度（与水平面的夹角）。

– 筛查步骤 –

1 双脚并拢站立，右臂自然置于体侧，左臂屈肘90度上抬至与地面平行且上臂与肩关节呈一条直线，左手掌心向下。

2 左臂上臂保持位置不变，前臂围绕上臂向下转动。完成后，换另一侧进行筛查。

– 注意事项 –

- 抬起的手臂的上臂始终保持水平且与肩关节呈一条直线；
- 保持躯干及下肢直立；
- 避免耸肩；
- 避免过度用力。

– 结果分析 –

- 如果前臂（单侧或双侧）向下转动的幅度小于70度，或双侧前臂向下转动的幅度相差明显（超过5度），则筛查结果为"不合格，有损伤风险"；
- 如果双侧前臂向下转动的幅度大于等于70度，且双侧前臂向下转动的幅度相差不明显（不超过5度），则筛查结果为"合格"；
- 一旦在完成筛查动作的过程中出现疼痛，则说明存在损伤风险。

2.2.7 肩关节屈曲活动度筛查

1

2

≥ 160 度：合格

- 筛查目的 -

评估肩关节屈曲的灵活
性，同时观察左右两侧
是否存在不对称的情况。

- 筛查重点 -

观察手臂向上举起的
幅度（与原始位置的
夹角）。

- 筛查步骤 -

1 双脚并拢站立，双臂自然置于体侧。

2 左臂伸直上举至最大限度。完成后，换另一侧进
行筛查。

－ 注意事项 －

- 保持手臂完全伸直且上臂夹紧向上举起；
- 保持躯干及下肢直立；
- 避免耸肩；
- 避免过度用力。

－ 结果分析 －

- 如果手臂（单侧或双侧）向上举起的幅度小于 160 度，或双侧手臂向上举起的幅度相差明显（超过 10 度），则筛查结果为"不合格，有损伤风险"；
- 如果双侧手臂向上举起的幅度大于等于 160 度，且双侧手臂向上举起的幅度相差不明显（不超过 10 度），则筛查结果为"合格"；
- 一旦在完成筛查动作的过程中出现疼痛，则说明存在损伤风险。

－ 其他角度 －

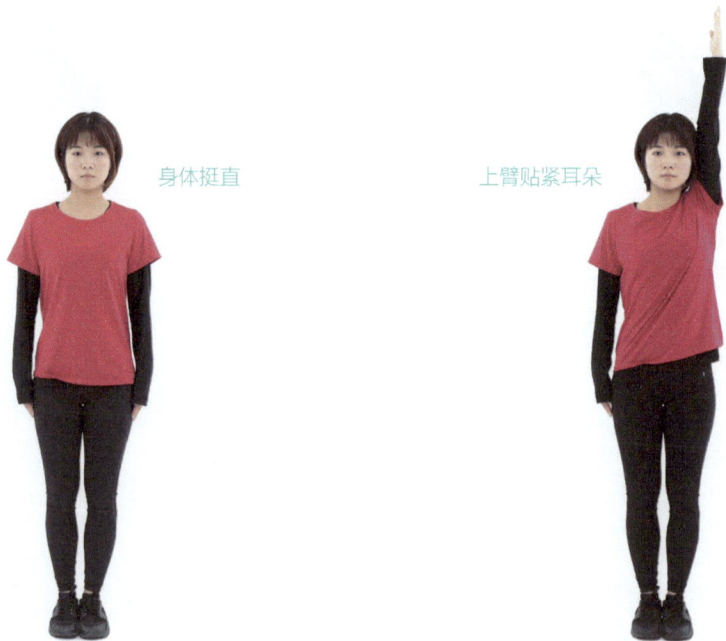

身体挺直

上臂贴紧耳朵

2.2.8 肩关节伸展活动度筛查

1

2

≥ 40 度：合格

- 筛查目的 -

评估肩关节伸展的灵活性，同时观察左右两侧是否存在不对称的情况。

- 筛查重点 -

观察手臂向后抬起的幅度（与原始位置的夹角）。

- 筛查步骤 -

1 双脚并拢站立，双臂自然置于体侧。

2 左臂伸直后抬至最大限度。完成后，换另一侧进行筛查。

- 注意事项 -

- 保持手臂完全伸直且上臂夹紧向后抬起；
- 保持躯干及下肢直立；
- 避免耸肩；
- 避免过度用力。

- 结果分析 -

- 如果手臂（单侧或双侧）向后抬起的幅度小于 40 度，或双侧手臂向后抬起的幅度相差明显（超过 5 度），则筛查结果为"不合格，有损伤风险"；
- 如果双侧手臂向后抬起的幅度大于等于 40 度，且双侧手臂向后抬起的幅度相差不明显（不超过 5 度），则筛查结果为"合格"；
- 一旦在完成筛查动作的过程中出现疼痛，则存在损伤风险。

- 其他角度 -

身体挺直

上臂夹紧身体

2.2.9 胸椎灵活性筛查

1

2

3

≥ 160 度：合格

– 筛查目的 –

对胸椎的灵活性进行筛查。

– 筛查重点 –

打开的手臂是否能够触地及其与同侧肩关节在平面内的位置关系。

– 筛查步骤 –

1 身体呈左侧卧姿势，双腿屈髋、屈膝 90 度，双臂向正前方伸直，双掌并拢。

2 保持下方手臂紧贴地面，脊柱向对侧旋转，上**3** 方手臂缓慢地向外打开，直至能够达到的最大限度。

– 注意事项 –

- 紧贴地面的手臂和下肢的位置保持固定，髋关节不要向手臂打开的方向翻转；
- 眼睛一直看向打开的手臂，头部随之转动；
- 避免过度用力。

– 结果分析 –

- 如果两侧肩关节连线与地面的夹角小于 160 度（起始位置为 90 度），则筛查结果为"不合格，有损伤风险"；
- 如果打开的手臂能够触地，或者两侧肩关节连线与地面的夹角大于等于 160 度，则筛查结果为"合格"；
- 一旦在完成筛查动作的过程中出现疼痛，则说明存在损伤风险。

– 其他角度 –

案例分享三：某羽毛球运动爱好者的肩关节功能强化训练体验

- 案例简介 -

- 基本信息：女，羽毛球运动爱好者。
- 受伤原因：车祸导致肩膀脱臼，后因治疗不及时陆续出现肩膀活动和发力受限，以及手腕无力等问题。
- 治疗历程：推拿，理疗，按医嘱服用药物等。

本人陈述：我是一名羽毛球运动员爱好者，在大学期间经常参加各类比赛，成绩优异。五年前的一次车祸让我的一侧肩膀脱臼了，但由于车祸后一周有一场很重要的比赛，并且我觉得自己的身体素质很好，就没有去医院进行系统治疗。在进行了几次推拿后，我参加了那场很重要的比赛，但赛后发现肩膀发力受限。我是一名进攻型球员，打球以速度力量取胜，肩膀发力受限直接导致了运动成绩的下降。一年半以后，由于肩伤得不到改善，同侧手腕也出现了问题——很难拿起重物，胳膊也举不起来，这对于曾经拥有优异运动成绩的我来说无疑是沉重的打击。在此期间，我多次去医院就医，得到的治疗方案以吃药、休息，以及放弃用患侧手臂运动为主。当时的我真的很绝望，不甘心。虽然通过放松肌肉和物理治疗我可以重新拿起球拍，不过打球时还是不敢发力，需要通过不停地进行肌肉力量练习才能在打球时没有疼痛，一旦松懈没有练习，不仅发不出力，而且有受限和卡压的感觉。

2019 年年初，我参加了运动处方师的培训，希望通过专门的学习了解受伤机制，把自己"治好"。在这次培训中，给我印象最深的是闫琪老师教授的功能性动作筛查（FMS）课程。我向闫琪老师说明了自己的肩伤问题，表示手臂举过头顶就会有很明显的受限感觉，胸椎灵活性筛查的结果仅为 90 度（正常情况应大于等于 160 度）。了解情况后，闫琪老师指导我进行了呼吸练习、软组织放松练习和一些弹力带练习，不仅大大增加了我的胸椎灵活性（达到筛查合格标准），还让我能够轻松地将手臂举过头顶，并且没有受限和疼痛。鉴于此，我对自己的恢复开始有了信心，并且对 FMS 产生了浓厚的兴趣。同年 4 月，我参加了由闫琪老师主讲的 FMS 初、高级的课程。在课堂上，闫琪老师带领我们分步进行训练，在完成肩部的一系列练习后，我感觉自己的肩部功能改善非常明显。当天晚上，我不仅时隔五年再次打出了下压式的杀球（受伤后杀球轨迹一直是平行的），而且并未在运动结束后感到肩膀有卡压或受限的感觉，甚至第二天也没有出现任何不适（之前打完球的第二天会出现严重的肩膀受限、手臂无法举起、肩部肌群酸疼等问题）。

曾经的我是运动团队的核心，每次都拿冠军，但受伤让我变成了"残疾人"，感到非常绝望和无助。闫琪老师的课程让我恢复了之前的运动表现（这是我第一次因为看到了希望而掉眼泪），并让我相信自己可以通过系统的功能强化训练变得更好！

第 三 章

肩关节功能强化
训练策略与动作练习

功能训练的最终目标是提升生活质量及运动表现。这一目标的达成并不是通过孤立地训练某一块肌肉实现的，而是通过改善肌肉的协调配合和身体对它们的控制能力，使整个身体像团队一样协同工作实现的。

因此，本章将从人体整体运动链的角度出发，详细讲解肩关节功能强化训练策略的七大步骤及其对应的具体动作练习。

3.1 肩关节功能强化训练策略

3.1.1 关节的灵活性与稳定性功能

人体的关节具有"灵活性"和"稳定性"两种功能：灵活性是指一个关节可以在关节幅度的全程自由移动的能力；稳定性是指一个关节可以抵抗移动、控制关节位置的能力。人体参与运动的关节都具备一定的灵活性和稳定性，但各有特点，有些以灵活性功能为主，有些以稳定性功能为主，这些关节相互影响，在完成功能动作时发挥自身的作用。

在人体的整体运动功能中，踝关节、髋关节、胸椎和肩关节需要较高的灵活性，而膝关节、腰椎和肩胛胸廓关节需要较高的稳定性（见下图）。如果人体各关节能够达到自身的功能，就能够完成高质量的功能动作，而如果人体关节功能受限，就无法完成高质量的功能动作，从而可能产生各种功能障碍，也非常容易引起各种运动损伤。许多疲劳性的伤病与人体关节的功能下降有着密切的联系。通常稳定性关节更容易产生疼痛，而导致稳定性关节疼痛的原因往往是相邻关节的灵活性功能下降。例如，下背部疼痛在很多情况下是胸椎和髋关节的灵活性下降所致。

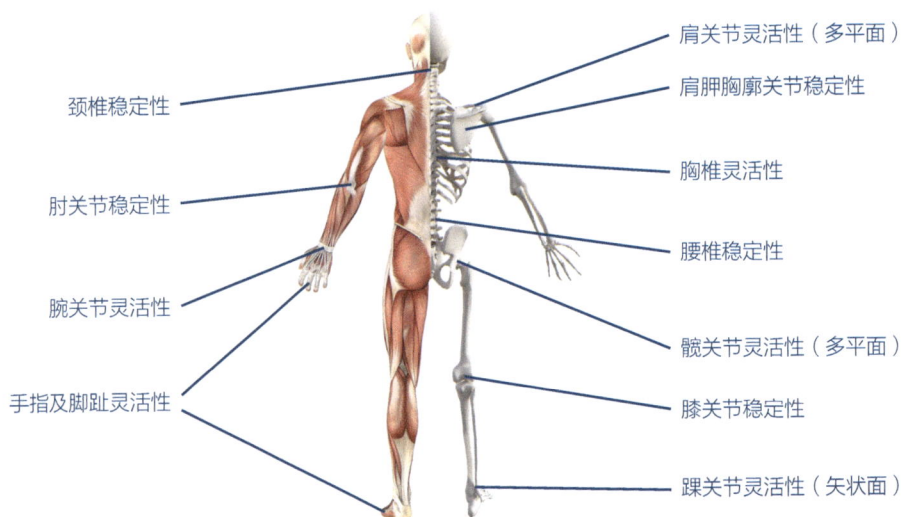

肩关节灵活性（多平面）
肩胛胸廓关节稳定性
胸椎灵活性
腰椎稳定性
髋关节灵活性（多平面）
膝关节稳定性
踝关节灵活性（矢状面）
颈椎稳定性
肘关节稳定性
腕关节灵活性
手指及脚趾灵活性

肩关节是人体最容易出现功能障碍和慢性劳损的关节之一。久坐不动或体力活动下降都会导致其功能退化。肩关节在运动时的活动幅度非常大，这意味着肩关节既需要有良好的灵活性，同时又需要有足够的稳定性。肩关节出现功能障碍往往与肩关节周围软组织张力变化、肩胛胸廓关节的稳定性不够和肩袖肌肉力量不足有关。

3.1.2 功能训练的进阶模式

功能训练的进阶模式主要分为 4 个板块，即灵活性、稳定性、动作模式和功能力量。灵活性使人体能够完成多样化、幅度更完整的动作，同时提供更加灵敏的本体感受。稳定性使人体能够完成质量更好、控制更精细的动作，需要反射性的本体感受支持。高质量的动作模式需要每一个参与的关节都具备良好的灵活性与稳定性。当有了高质量的动作模式后，才可以在此动作上施加负荷，从而提高人体的功能力量。

灵活性　▶　稳定性　▶　动作模式　▶　功能力量

建立功能训练的逻辑顺序非常重要：首先，获得良好的关节灵活性是功能强化的第一步；其次，关节的稳定性需要建立在良好灵活性的基础之上；再者，完成高质量的动作模式既需要良好的关节灵活性，又需要良好的关节稳定性；最后，功能力量需要将关节灵活性、关节稳定性和动作模式有效地整合在一起。

灵活性：关节最基本的功能

灵活性是关节最基本的功能。如果灵活性存在障碍，就不会有良好的本体感受；相反，好的灵活性可以给身体带来更多的本体感受反馈。应在关节灵活性取得进步之后再训练其稳定性。

稳定性：控制一个或多个关节动作的功能

良好的稳定性需要良好的本体感受。在具备良好的关节稳定性的前提下，可以在关节上施加主动的肌肉控制，而且能够控制肌肉的收缩以随时改变力量的方向，从而能够在身体受到外界变化影响的情况下，反射性地控制住正确姿势或正确动作。

如何建立稳定性？需要注意以下几点：稳定性不是力量；稳定性受反射作用驱使；稳定性与神经肌肉感觉和姿势控制有关；要先获得静态稳定性，再获得动态稳定性。总的来说，稳定性是一种反映神经肌肉系统对姿势进行控制的能力。

动作模式：多个关节协调运动的功能

　　动作模式是建立在人体三维平面上，按照一定的时间、空间和次序组合在一起的具备某种功能的动作单元。高质量的动作模式需要参与的关节均具备良好的灵活性与稳定性。基础动作模式是组成功能活动的基本动作单元，能提供正确且协调的方法使身体进行功能活动。它是人类通过进化所获得的基本能力。

　　基础动作模式包括：上肢的推和拉、蹲起、髋关节铰链（硬拉）、旋转和水平移动等。

　　动作模式异常会造成动作质量下降、动作效率下降以及损伤风险增加等。

　　动作模式异常的原因主要包括：呼吸、损伤、慢性疼痛、身体姿势异常、部分肌肉紧张、部分肌肉力量下降和本体感觉功能减退等。

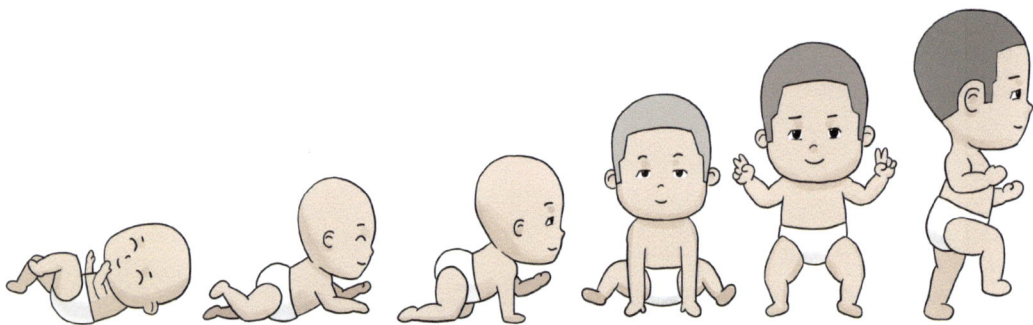

婴儿在成长发育的过程中逐步获得了基本运动功能

功能力量：在一个或多个基础动作模式之上增加负荷

　　功能力量是人体为了达到某种运动表现目的而形成的力量。功能力量训练是一种全方位的运动。一个功能力量训练动作是由一个或多个基础动作模式有序组合而成的，并且可能会同时使用人体的多个环节。因此，功能力量训练不仅能同时锻炼人体的多块肌肉，还可以锻炼神经肌肉系统的协同与控制，增强身体的平衡性和稳定性，有效降低受伤的概率，提高运动表现。

　　此外，功能力量训练还有诸多优势：有效地提高肌肉之间的整体协作，提高力量传递效率，更加有针对性，以及方法更加多样化等。

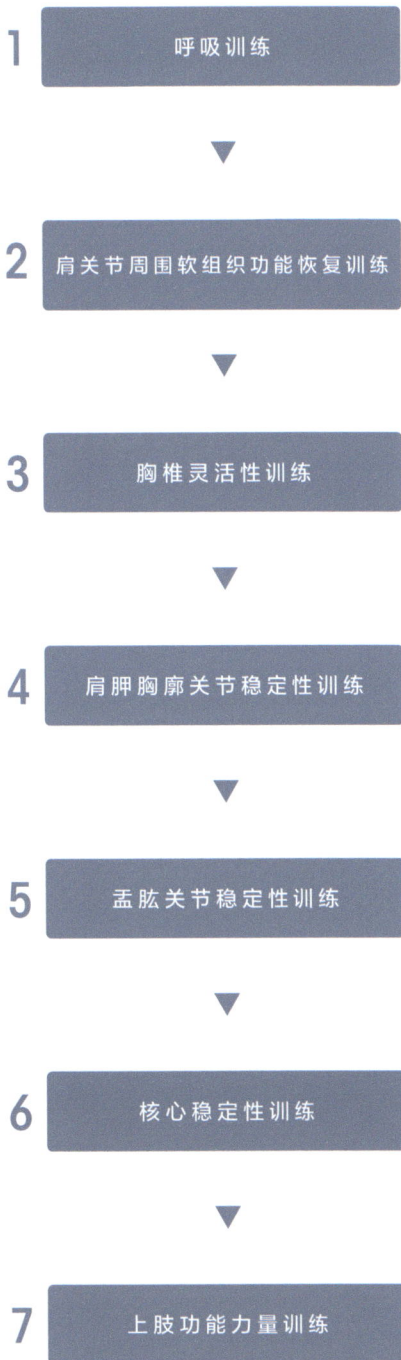

3.1.3 肩关节功能强化的七大训练步骤

肩关节连接着上肢与躯干，它为上肢灵活地完成各种动作提供了坚实的基础。因此，必须要重视肩关节的损伤预防与功能强化。

正如前文所述，人体是由多个部位协调合作，进而维持整个身体的功能活动的。针对肩关节的功能强化，并不仅仅是强化肩关节的灵活性和力量等素质就能达到目的。肩关节无法脱离身体其他部位单独活动，仅靠肩关节也无法完成身体的各种运动。要想很好地实现肩关节的功能，整个肩关节复合体都要协调运动，还需要胸椎甚至整个核心区良好地进行协助。

因此，在对肩关节进行功能强化训练时，首先要通过呼吸训练调整和形成正确的呼吸模式，接着促进肩关节周围软组织的功能恢复并提高胸椎灵活性，然后强化肩胛胸廓关节、盂肱关节及核心区的稳定性，最后针对性地强化上肢的功能力量。

综上所述，肩关节功能强化训练策略具体通过以下七个训练步骤进行：

（1）呼吸训练；

（2）肩关节周围软组织功能恢复训练；

（3）胸椎灵活性训练；

（4）肩胛胸廓关节稳定性训练；

（5）盂肱关节稳定性训练；

（6）核心稳定性训练；

（7）上肢功能力量训练。

1 呼吸训练

▼

2 肩关节周围软组织功能恢复训练

▼

3 胸椎灵活性训练

▼

4 肩胛胸廓关节稳定性训练

▼

5 盂肱关节稳定性训练

▼

6 核心稳定性训练

▼

7 上肢功能力量训练

3.2 肩关节功能强化动作练习

当感到肩关节不适时，首先应该对自己的肩关节存在的问题进行一个判断，以决定选择立刻就医，还是尝试通过功能强化训练来缓解不适。

因此，在决定进行功能强化训练前，请回答以下问题。

（1）是否有不适宜运动的疾病？

　　a. 是　　　　不建议进行功能强化训练，建议进行医学检查或休息

　　b. 否　　　　进入问题（2）

（2）肩关节是否有明显疼痛？

　　a. 是　　　　进入问题（3）

　　b. 否　　　　进行关节活动度筛查

（3）是急性损伤疼痛还是慢性疼痛？

　　a. 急性　　　不建议进行功能强化训练，建议进行医学检查或休息

　　b. 慢性　　　进入问题（4）

（4）肩关节周围是否有明显水肿？

　　a. 是　　　　不建议进行功能强化训练，建议进行医学检查或休息

　　b. 否　　　　进入问题（5）

（5）如果将疼痛等级分为 1~10 级（见下页图），请判断你的疼痛等级为多少？

　　a. 疼痛等级小于等于 4 级　　可以进行功能强化训练，但若在损伤风险筛查或训练
　　　　　　　　　　　　　　　　过程中出现任何不适或疼痛加剧，请立即停止，并咨
　　　　　　　　　　　　　　　　询专业人员

　　b. 疼痛等级大于 4 级　　　　不建议进行功能强化训练，建议进行医学检查或休息

疼痛等级线性图

| 0 级 | 2 级 | 4 级 | 6 级 | 8 级 | 10 级 |
| 无痛 | 轻微疼痛 | 轻度疼痛 | 中度疼痛 | 重度疼痛 | 剧烈疼痛 |

疼痛等级脸谱图

| 0 级 | 2 级 | 4 级 | 6 级 | 8 级 | 10 级 |
| 无痛 | 轻微疼痛 | 轻度疼痛 | 中度疼痛 | 重度疼痛 | 剧烈疼痛 |

　　如果通过上述问题，你得出的答案是可以进行功能强化训练，那么欢迎你按照本书所述的训练方法踏上肩关节功能强化之路！在这个过程中，你需要特别注意以下几个问题。

　　1. 在开始进行功能强化训练之前，请先按照 2.2 中的内容进行自我功能筛查，了解自己所存在的和肩关节相关的功能问题。

　　2. 请认真阅读后文所介绍的每一个动作练习的步骤和要求，仔细观察图片和视频中的示范动作。

　　3. 请在训练过程中始终关注自己的身体感受，正确地分辨软组织（包括肌肉组织、筋膜组织和韧带组织）因训练刺激产生的酸痛感和因关节伤病产生的疼痛感。其中，软组织的酸痛感是训练带来的正常感觉，但注意应一方面根据自己的适应能力逐步加大训练刺激，另一方面避免过度用力和过度刺激。另外，一旦出现了明显的关节疼痛，请立即停止这个动作练习，转而尝试其他的动作练习，但如果疼痛始终存在并比训练前明显加重，那么请立即停止训练，并咨询专业人员。

　　4. 请在训练过程中始终把动作质量放在首位，避免盲目追求练习的次数和负重。

　　5. 如果在风险筛查（详见 2.2）的过程中未达到基本要求，筛查结果为"没有通过筛查"或"不合格，有损伤风险"，那么请你首先关注这些问题，并将其作为功能强化训练的重点，不要忽略每一个薄弱环节。完成每次功能强化训练后，请重新进行筛查，观察自己的训练效果，也可以看到自己的不断进步。

　　6. 要知道，你的问题不是一天形成的，所以必然无法仅仅通过一次或几次训练就完全改善。功能强化需要一个过程，长短取决于问题的严重程度。但是只要每次按照要求认真完成训练，你就可以看到自己的进步。

7.本书最大的优势就是用清晰的逻辑次序引导你一步一步地进行肩关节功能强化训练。因此，请跟随书中的练习顺序，不要跳过必要的步骤。

3.2.1 呼吸训练

人体约有 20 块主动肌和辅助肌参与呼吸运动，其中膈肌、肋间肌、斜角肌、腹横肌和脊柱深层肌在维持呼吸和稳定脊柱方面发挥着重要作用。因此，正确的呼吸方式不但可减少颈肩痛、腰痛、头痛等疾病的发生，还有助于维持脊柱稳定和健康的体态。而不良的呼吸方式则很有可能引起慢性疼痛、体态失衡、运动损伤、内脏问题及心态问题等。本书将呼吸训练作为肩关节功能强化训练的第一步，旨在一方面降低交感神经兴奋性，减轻中枢系统的压力，让筋膜和肌肉系统能够更好地放松下来，另一方面帮助调整和形成正确的呼吸模式。

呼吸肌及常见呼吸问题

吸气过程
· 主要肌肉：膈肌、提肋肌、肋间内肌、前部纤维、肋间外肌。
· 辅助肌肉：斜角肌、胸锁乳突肌、前锯肌、胸大肌、胸小肌、背阔肌、胸椎伸肌、锁骨下肌。

呼气过程
· 主要肌肉：腹肌、肋间内肌、后部纤维、胸横肌。
· 辅助肌肉：背阔肌、前锯肌下部、腰方肌、腰髂肋肌。

常见的呼吸问题
· 吸气时，整个胸廓（上胸部更加明显）的上提运动。
· 呼吸时以胸部运动为主，而不是腹部运动。
· 低位肋骨无侧方偏移。
· 腹壁在吸气时向内移动，在呼气时向外移动。
· 腹壁不能维持支撑以及正常地呼吸。
· 浅呼吸，即腹部或者胸廓运动轻微或无运动。

俯卧呼吸训练（鳄鱼式呼吸）

1

2

- **训练目的** -

激活膈肌，降低易紧张的肌肉的张力，协调维持机体稳态。

- **注意事项** -

按照节奏缓慢、持续进行吸气和呼气。

- **训练步骤** -

1 身体放松，俯卧在垫子上，双脚并拢，双手叠放在额下，用鼻腔缓缓吸气，大约用时 4 秒，胸廓尽量保持不动，腹腔向两侧和背侧扩张顶起；然后屏气 2 秒。

2 用嘴缓缓将气体呼出，大约用时 6 秒，并在呼气的同时收缩腹部，以尽量将气体呼出。重复练习规定次数。

仰卧呼吸训练（仰卧腹式呼吸）

1

2

－ 训练目的 －

激活膈肌，降低易紧张的肌肉的张力，协调维持机体稳态。

－ 注意事项 －

按照节奏缓慢、持续进行吸气和呼气。

－ 训练步骤 －

1 身体放松，仰卧在垫子上，双手叠放在腹部，双脚并拢，用鼻腔缓缓吸气，大约用时 4 秒，胸廓尽量保持不动，感觉双手被腹部向上和向两侧顶起；然后屏气 2 秒。

2 用嘴缓缓将气体呼出，大约用时 6 秒，并在呼气的同时收缩腹部，以尽量将气体呼出。重复练习规定次数。

90-90 式呼吸训练

1

2

- 训练目的 -

激活膈肌，降低易紧张
的肌肉的张力，协调维
持机体稳态。

- 注意事项 -

按照节奏缓慢、持续进
行吸气和呼气。

- 训练步骤 -

1 身体放松，仰卧在垫子上，双手叠放在
腹部，双腿屈髋、屈膝 90 度向上抬起，
小腿平放在椅子上，用鼻腔缓缓吸气，
大约用时 4 秒，胸廓尽量保持不动，感
觉双手被腹部向上和向两侧顶起；然后
屏气 2 秒。

2 用嘴缓缓将气体呼出，大约用时 6 秒，
并在呼气的同时收缩腹部，以尽量将气
体呼出。重复练习规定次数。

3.2.2 肩关节周围软组织功能恢复训练

肩部出现慢性疼痛和功能障碍，与肩关节复合体中各关节的共轴性不佳有很大关系。最佳关节共轴性指各关节处于合理的解剖学和力学位置，并且在运动时具有良好的神经肌肉控制。只有具备了良好的关节共轴性，才能使周围软组织和关节结构受到的压力最小，实现最佳的运动效率。呼吸模式紊乱、急性损伤、慢性疼痛、身体姿态不良、运动模式错误、长期单一重复动作以及保护性的神经抑制等因素都会引起肩关节周围肌肉、筋膜和韧带等软组织的张力发生改变，影响关节的共轴性。想要恢复肩部的正常功能、消除由关节共轴性不佳引发的慢性疼痛，就需在调整呼吸模式的基础上，进一步恢复肩关节周围软组织的张力与对称性。

筋膜、肌肉和韧带等软组织受到外界刺激后会产生形变和粘连，影响肌筋膜层之间的正常滑动，也会改变软组织的张力分布，引发代偿。特别是由于筋膜内含有丰富的游离神经末梢和本体感觉小体，筋膜的黏滞性会影响筋膜内的本体感觉的激活，导致筋膜内的神经被错误激活，而这些外周改变会进一步引起中枢神经系统（脊髓反射和大脑皮层）的变化。因此，当软组织的张力发生改变时，软组织中的本体感受器功能和神经传导功能都会受到影响，无法感受正确的关节位置与外界刺激。通过筋膜释放技术、扳机点处理技术和静态拉伸技术可以释放存在张力异常、甚至轻微受损的软组织的张力，促进软组织的功能恢复。有时我们会发现，随着肩关节周围软组织的功能得到恢复，一些肩关节的慢性疼痛情况会得到缓解，甚至完全消除。因此，在进行肩关节周围软组织的功能恢复训练时，建议首先用泡沫轴对肩关节周围软组织进行滚压，从而释放筋膜层面的软组织高度张力，同时促进肌肉和韧带的血液循环，增加淋巴回流；然后应用筋膜球对局部软组织中的扳机点进行按压和滚动[按照扳机点理论的创始人特拉维尔（Travell）和西蒙斯（Simons）的话说，扳机点是"骨骼肌中过度应激的点，这个点与其中高度敏感的可以触摸到的小结节密切相关。按压这个点会引发典型的触痛、牵涉痛、运动功能障碍以及自主神经症状"。一般在处理局部扳机点时，首先进行按压和滚动，使机体逐步产生适应，当能够感觉到疼痛度明显下降，可以通过相关肌肉被动或主动收缩来进一步刺激扳机点，逐步消除扳机点]；最后通过静态拉伸使原先紧张的筋膜和肌肉恢复初始长度，逐步达到正常的功能。在肩关节周围软组织的功能恢复后，可以通过主动练习进一步提高肩关节灵活性。

恢复肩关节周围软组织功能的方法顺序

泡沫轴滚压	▶	局部筋膜球按压	▶	静态拉伸

泡沫轴滚压训练

泡沫轴滚压肩关节后侧训练

－ 训练目的 －

放松肩关节后侧筋膜与肌肉，促进肩关节周围软组织功能恢复。

－ 注意事项 －

滚压过程中保持身体稳定，呼吸均匀，滚压侧手臂抬离地面。

－ 训练步骤 －

身体呈右侧卧姿势，右腿与左脚撑地，右臂于头前伸直外旋且抬离地面，左手于体前撑地，将泡沫轴置于右侧肩部后侧下方。左手、右腿和左脚推地，带动身体前后移动，使泡沫轴在右侧肩部处慢慢来回滚动，并可在有明显酸痛点的位置进行局部反复滚动。滚动至规定时间后，换另一侧进行该动作。

泡沫轴滚压肩关节前侧训练

- 训练目的 -

放松胸肌和肩关节前侧筋膜与肌肉，促进肩关节周围软组织功能恢复。

- 注意事项 -

滚压过程中保持身体稳定，呼吸均匀，滚压侧手臂抬离地面。

- 训练步骤 -

身体呈俯卧姿势，右脚、左膝、左脚及右臂前臂撑地，左臂于头前伸直且抬离地面，将泡沫轴置于左侧肩部前侧下方。右脚、左膝、左脚及右臂前臂推地，带动身体前后移动，使泡沫轴在左侧肩部处慢慢来回滚动，并可在有明显酸痛点的位置进行局部反复滚动。滚动至规定时间后，换另一侧进行该动作。

泡沫轴滚压肱三头肌训练

－ 训练目的 －

放松肱三头肌，促进肩关节周围软组织功能恢复。

－ 注意事项 －

滚压过程中保持身体稳定，呼吸均匀。

－ 训练步骤 －

身体呈右侧卧姿势，右腿、左脚撑地，右臂屈肘置于脑后，左手于体前撑地，将泡沫轴置于右侧上臂下方。左手、右腿及左脚推地，带动身体前后移动，使泡沫轴在右侧上臂处慢慢来回滚压，并可在有明显酸痛点的位置进行局部反复滚动。滚动至规定时间后，换另一侧进行该动作。

泡沫轴滚压肱二头肌训练

－ 训练目的 －

放松肱二头肌，促进肩关节周围软组织功能恢复。

－ 注意事项 －

滚压过程中保持身体稳定，呼吸均匀，滚压侧手臂抬离地面。

－ 训练步骤 －

身体呈俯卧姿势，右腿、左脚及右臂前臂撑地，左臂于头前伸直且抬离地面，将泡沫轴置于左侧上臂下方。右腿、左脚及右臂前臂推地，带动身体前后移动，使泡沫轴在左侧上臂处慢慢来回滚动，并可在有明显酸痛点的位置进行局部反复滚动。滚动至规定时间后，换另一侧进行该动作。

◢ 筋膜球按压扳机点训练

筋膜球按压胸小肌扳机点训练 1

– 位置示意图 –

– 训练目的 –

放松胸小肌，处理扳机点。

– 注意事项 –

按压过程中保持呼吸均匀；在可承受的范围内利用尽量多的自身重量进行按压，若出现明显的刺痛或不适（而非正常的酸痛感），应立即停止训练。

– 训练步骤 –

身体呈俯卧姿势，双脚脚尖触地，双臂于身体两侧屈肘且前臂撑地，将筋膜球置于左侧胸部（斜上侧靠近腋下的位置）下方。双脚与双臂前臂推地，带动身体前后移动，使筋膜球在左侧胸部处慢慢来回滚动，寻找明显的酸痛点，并可在酸痛点着力滚动。滚动至规定时间后，换另一侧进行该动作。

筋膜球按压胸小肌扳机点训练 2

1

2

－ 训练目的 －

放松胸小肌，处理扳机点。

－ 注意事项 －

按压过程中保持呼吸均
匀；在可承受的范围内
利用尽量多的自身重量
进行按压，若出现明显
的刺痛或不适（而非正
常的酸痛感），应立即
停止训练。

－ 训练步骤 －

1 身体呈俯卧姿势，右臂于体侧屈肘且前臂撑地，
左臂屈肘 90 度上抬至与地面平行，将筋膜球置
于左侧胸部（斜上侧靠近腋下的位置）下方。

2 左臂缓慢向头前伸直，感受筋膜球在动作过程中
对滑动的肌肉进行按压，并可在明显的酸痛点进
一步放慢动作，着力滚动。缓慢恢复至起始姿势，
重复规定次数或时间后，换另一侧进行该动作。

筋膜球按压背阔肌扳机点训练

– 其他角度 –

– 位置示意图 –

– 训练目的 –

放松背阔肌和大圆肌，处理扳机点。

– 注意事项 –

按压过程中保持呼吸均匀；在可承受的范围内利用尽量多的自身重量进行按压，若出现明显的刺痛或不适（而非正常的酸痛感），应立即停止训练。

– 训练步骤 –

身体呈右侧卧姿势，右腿与左脚撑地，右臂于头前伸直外旋且抬离地面，左手于体前撑地，将筋膜球置于右侧上背部边缘（腋窝后壁）的下方。左手、右腿和左脚推地，带动身体前后移动，使筋膜球在右侧上背部边缘慢慢来回滚动，寻找明显的酸痛点，并可在酸痛点着力滚动。滚动至规定时间后，换另一侧进行该动作。

筋膜球按压肩胛骨内侧扳机点训练

－ 位置示意图 －

－ 训练目的 －

放松肩胛骨内侧肌肉，处理扳机点。

－ 注意事项 －

按压过程中保持呼吸均匀；在可承受的范围内利用尽量多的自身重量进行按压，若出现明显的刺痛或不适（而非正常的酸痛感），应立即停止训练。

－ 训练步骤 －

身体呈仰卧姿势，双腿屈膝，双脚分开撑地，双手自然交叠于腹部，将筋膜球置于左侧肩胛骨内侧的下方。双脚推地，带动身体前后移动，使筋膜球在肩胛骨内侧慢慢来回滚动，寻找明显的酸痛点，并可在酸痛点着力滚动。滚动至规定时间后，换另一侧进行该动作。

筋膜球按压肩袖扳机点训练

– 位置示意图 –

– 训练目的 –

放松肩袖肌肉，处理扳机点。

– 注意事项 –

按压过程中保持呼吸均匀，在可承受的范围内利用尽量多的自身重量进行按压，若出现明显的刺痛或不适（而非正常的酸痛感），应立即停止训练。

– 训练步骤 –

身体呈仰卧姿势，双腿屈膝，双脚分开撑地，左臂屈肘且前臂于体侧撑地，右手自然置于腹部，将筋膜球置于右侧肩部外侧的下方。左臂前臂与双脚推地，带动身体前后移动，使筋膜球在右侧肩部外侧慢慢来回滚动，寻找明显的酸痛点，并可在酸痛点着力滚动。滚动至规定时间后，换另一侧进行该动作。

肌肉静态拉伸训练

胸肌拉伸训练

1

– 其他角度 –

2

– 训练目的 –

促进恢复胸肌的弹性及初始肌肉长度。

– 注意事项 –

拉伸过程中保持躯干挺直，目视前方。

– 训练步骤 –

1　身体呈坐姿，躯干挺直，双臂屈肘，双手置于脑后。

2　保持身体稳定，双臂向后运动使肩胛骨向内挤压，直至胸肌有中等程度的拉伸感。保持20~30秒。

背阔肌拉伸训练

– 训练目的 –

促进恢复背阔肌的弹性及初始肌肉长度。

– 注意事项 –

拉伸过程中保持背部平直，避免塌腰、耸肩。

– 训练步骤 –

身体呈跪坐姿势，向前俯身，左臂向前伸直，右臂向左前方 45 度伸直并从左臂下方穿过，左侧肩部尽量下压，同时臀部尽量保持贴近脚跟，直至背阔肌有中等程度的拉伸感。保持 20~30 秒后，换另一侧进行该动作。

三角肌拉伸训练

- 训练目的 -

促进恢复三角肌的弹性
及初始肌肉长度。

- 注意事项 -

拉伸过程中保持躯干挺
直，目视前方。

- 训练步骤 -

身体呈坐姿，躯干挺直，右臂水平上抬并向左内收，
左臂屈肘上抬并将上臂置于右臂前方。左臂向后发力，
直至右臂三角肌有中等程度的拉伸感。保持 20~30
秒后，换另一侧进行该动作。

斜方肌拉伸训练

1

2

- 训练目的 -

促进恢复斜方肌的弹性及初始肌肉长度。

- 注意事项 -

拉伸过程中保持躯干挺直，避免过度用力。

- 训练步骤 -

1 身体呈坐姿，躯干挺直，左臂屈肘置于背后，右臂屈肘上抬且右手扶于脑后。

2 右手将头部向右拉，使左侧斜方肌有中等程度的拉伸感。保持 20~30 秒后，换另一侧进行该动作。

胸锁乳突肌拉伸训练

1

2

- 训练目的 -

促进恢复胸锁乳突肌的
弹性及初始肌肉长度。

- 注意事项 -

拉伸过程中保持躯干挺
直，避免过度用力。

- 训练步骤 -

1 身体呈坐姿，躯干挺直，左手自然置于体前，右
手抬起并按压在左侧锁骨上方。

2 头部向右侧斜上方上抬，直至左侧胸锁乳突肌有
中等程度的拉伸感（可用右手感受到）。保持
20~30 秒后，换另一侧进行该动作。

肩胛提肌拉伸训练

1

– 其他角度 –

2

– 训练目的 –

促进恢复肩胛提肌的弹性及初始肌肉长度。

– 注意事项 –

拉伸过程中保持躯干挺直，避免过度用力。

– 训练步骤 –

1 身体呈坐姿，躯干挺直，左臂自然置于体侧，右臂屈肘上抬且右手扶于脑后。

2 右手将头部向右侧斜下方拉，使左侧肩胛提肌有中等程度的拉伸感。保持20~30秒后，换另一侧进行该动作。

肱三头肌拉伸训练

1

2

- 训练目的 -

促进恢复肱三头肌的弹性及初始肌肉长度。

- 注意事项 -

拉伸过程中保持躯干挺直，避免过度用力。

- 训练步骤 -

1 身体呈坐姿，躯干挺直，左臂屈肘抬起并置于脑后，右臂屈肘上抬并用右手握住左肘。

2 右手将左臂向右侧斜下方拉，使左侧肱三头肌有中等程度的拉伸感。保持 20~30 秒后，换另一侧进行该动作。

肱二头肌拉伸训练

1

2

－ 训练目的 －

促进恢复肱二头肌的弹性及初始肌肉长度。

－ 注意事项 －

拉伸过程中保持躯干挺直，避免过度用力。

－ 训练步骤 －

1 身体呈坐姿，躯干挺直，双手交叉置于背后，双臂伸直。

2 双臂保持伸直且尽量上抬，使肱二头肌有中等程度的拉伸感。保持 20~30 秒。

◢ 主动灵活性训练

超级训练带拉伸肩部绕环训练

1

2

- 训练目的 -

增加肩关节周围肌肉组织的弹性和伸展能力。

- 注意事项 -

拉伸过程中保持身体稳定，有控制地完成。

- 训练步骤 -

1 身体呈单腿跪姿，双腿最大限度地前后分开（左腿在前、右腿在后），躯干前倾。将超级训练带的一端固定在身体前方高处，右臂于耳侧伸直且用右手握住超级训练带的另一端，使超级训练带具有一定张力。此时超级训练带、右臂、躯干及右侧大腿呈一条直线。

2 保持身体姿势不变，右臂先进行逆时针画圈运动，再进行顺时针画圈运动。重复规定次数后，换另一侧进行该动作。

超级训练带拉伸肩部后缩训练

1

2

－ 训练目的 －

增加肩关节周围肌肉组织的弹性和伸展能力。

－ 注意事项 －

拉伸过程中保持身体稳定，有控制地完成。

－ 训练步骤 －

1 身体呈单腿跪姿，双腿最大限度地前后分开（左腿在前、右腿在后），躯干前倾。将超级训练带的一端固定在身体前方高处，右臂于耳侧伸直且用右手握住超级训练带的另一端，使超级训练带具有一定张力。此时超级训练带、右臂、躯干及右侧大腿呈一条直线。

2 保持身体姿势不变，右臂缓慢向后拉，使肩胛骨向后运动，保持 1~2 秒。恢复至起始姿势，重复规定次数后，换另一侧进行该动作。

3.2.3 胸椎灵活性训练

肩关节复合体由多个关节组成，并且各关节的功能侧重点并不相同。根据"人体区域的相互依存模型"，要想使肩胛胸廓关节在肩部的运动中保持稳定，首先需要具备良好的胸椎灵活性。如果胸椎的灵活性不足，肩胛胸廓关节的稳定性会受到影响，在运动中进行代偿，肩胛骨的位置也会出现偏移，从而进一步影响周围软组织的张力变化。

因此，在逐步恢复了肩关节周围软组织的功能后，需要恢复胸椎的灵活性。而胸椎的灵活性主要表现在矢状面的屈伸动作和水平面的旋转动作中。

在进行胸椎灵活性训练时，建议先使用泡沫轴对胸椎周围的软组织进行滚压。在滚压过程中，应有意识地将胸椎分为上、中、下三个节段，然后按照从下至上的顺序依次对每个节段进行滚压，同时注意动作要轻柔缓慢，速度不能过快，使机体逐步产生适应，从而对表层的筋膜进行梳理。在滚压过程中，软组织应该有酸胀感甚至轻微的压痛感，但如果感觉过于强烈，疼痛明显，则可以通过两种方法进行调节：一种方法是换质地软一些的泡沫轴进行训练；另一种方法是用肘部支撑地面，减轻身体的局部压力。

当身体对滚压产生一定程度的适应后，可以用筋膜球或花生球对胸椎两侧的软组织进一步进行按压和滚动（按照从下至上的顺序依次对每个节段进行按压和滚动，并在有明显酸痛感的位置进行深度按压，逐步释放扳机点的张力）。在胸椎周围软组织的功能恢复后，可以通过主动练习进一步恢复胸椎灵活性。在进行主动练习时，最好配合腹式呼吸，即在起始姿势下吸气，在动作过程中呼气，同时注意动作要缓慢稳定，当动作幅度达到最大时保持 1~2 秒，然后有控制地回到起始姿势。

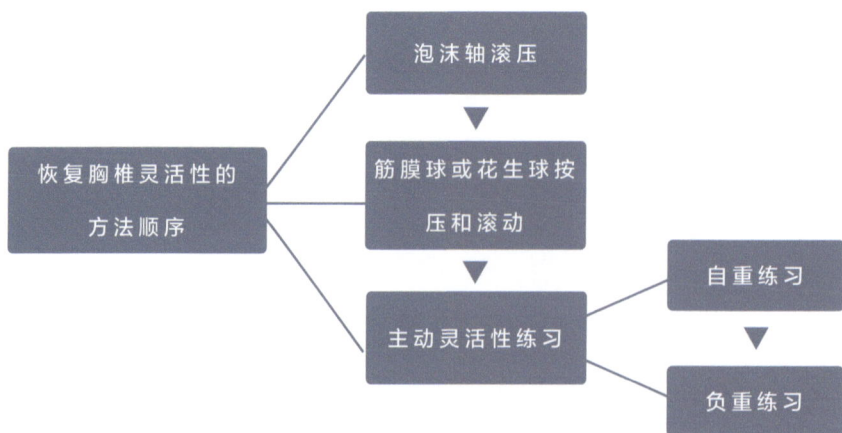

泡沫轴滚压

恢复胸椎灵活性的方法顺序

筋膜球或花生球按压和滚动

主动灵活性练习

自重练习

负重练习

胸椎周围软组织松解训练

泡沫轴滚压胸椎周围软组织训练

1

2

– 变式动作 –

身体呈仰卧姿势,双腿屈膝,双脚分开撑地,双手交叉抱头,将泡沫轴置于中背部下方,使臀部抬离地面,吸气。

呼气时,身体以泡沫轴为支撑点下压至臀部接触地面,肩部及头部后仰约45度。恢复至起始姿势,重复规定次数或时间。

– 训练目的 –

放松上背部筋膜与肌肉,促进胸椎周围软组织功能恢复。

– 注意事项 –

有意识地将胸椎分为上、中、下三个节段,然后按照从下至上的顺序依次对每个节段进行滚压,并保持呼吸均匀。

– 训练步骤 –

1 身体呈仰卧姿势,双腿屈膝,双脚分开撑地,双手抱于胸前,将泡沫轴置于上背部下方,将臀部抬离地面。

2 双脚推地,带动身体前后移动,使泡沫轴在上背部慢慢来回滚动至规定时间,并可在有明显酸痛点的位置进行局部反复滚动。

动态胸椎灵活性训练

猫式伸展训练

1

3

- 训练目的 -

伸展背部肌肉，增强胸椎灵活性。

- 注意事项 -

动作过程中保持腹部收紧，动作缓慢而有控制。

- 训练步骤 -

1 身体呈俯撑跪姿，双臂伸直且位于肩关节正下方，双手指尖朝前，背部保持平直。

2
3 四肢姿势保持不变，在吸气的同时将背部向上拱起至最大限度（头部随之向下运动），保持2秒。然后在呼气的同时将背部下压至最大限度（头部随之上抬），保持2秒。重复拱起和下压背部至规定次数。

三角式伸展训练

1

2

－ 训练目的 －

伸展肩部及背部肌肉，
增强胸椎灵活性。

－ 注意事项 －

动作过程中保持腹部收
紧，双脚位置固定。

－ 训练步骤 －

1 身体呈四点支撑姿势，双手与双脚撑地，
双臂、双腿伸直且间距大于肩宽，髋部
屈曲，整个身体呈倒 V 形，吸气。

2 保持躯干平直、四肢伸直，在呼气的同
时肩部向腿部靠拢至最大限度，保持
1~2秒。恢复至起始姿势，重复规定次数。

翻书训练

1

2

3

– 训练目的 –

增强胸椎灵活性。

– 注意事项 –

动作过程中保持髋部及下肢姿势不变，头部跟随打开的手臂同步转动。

– 训练步骤 –

1 身体呈左侧卧姿势，双腿屈髋、屈膝 90 度，双臂于肩关节正前方伸直，双掌并拢，吸气。

2~3 保持左臂紧贴地面，在呼气的同时躯干向右侧旋转，右臂缓慢地向右打开至最大限度，保持 1~2 秒。恢复至起始姿势，重复规定次数后，换另一侧进行该动作。

抓肋式胸椎旋转训练

1

2

- 训练目的 -

增强胸椎灵活性。

- 注意事项 -

动作过程中保持髋部及下肢姿势不变，头部跟随躯干的旋转同步转动。

- 训练步骤 -

1 身体呈左侧卧姿势，左腿伸直，右腿屈髋、屈膝 90 度并将泡沫轴置于右膝下方，左臂于体前伸直且紧贴地面，右臂向前屈肘并用右手抓住左侧肋骨，吸气。

2 保持左臂紧贴地面，在呼气的同时躯干向右侧旋转（右手抓紧肋骨辅助），使右侧肩胛骨向地面靠近至最大限度，保持 1~2 秒。恢复至起始姿势，重复规定次数后，换另一侧进行该动作。

坐姿胸椎旋转训练

– 训练目的 –

增强胸椎灵活性。

– 注意事项 –

动作过程中保持躯干挺直，双臂打开。

– 训练步骤 –

1　身体呈坐姿，躯干挺直，双臂屈肘上抬并向外打开至与躯干在同一平面内，双手置于脑后，吸气。

2　在呼气的同时躯干向左旋转至最大限度，保持1~2秒。

3　恢复至起始姿势，吸气，然后在呼气的同时躯干向右旋转至最大限度，保持1~2秒。恢复至起始姿势，重复规定次数。

四点跪姿胸椎旋转训练

1

2

3

－ 训练目的 －

增强胸椎灵活性。

－ 注意事项 －

动作过程中保持髋部及下肢姿势不变，头部跟随躯干的旋转同步转动。

－ 训练步骤 －

1 身体呈俯撑跪姿，双膝位于髋关节正下方，右臂伸直且位于肩关节正下方，左臂屈肘上抬至与地面平行，左手扶于脑后。

2 保持右臂伸直且右肩位置固定，在吸气的同时躯干向右旋转，左肩下压至最大限度，保持 1~2 秒。

3 继续保持右臂伸直且右肩位置固定，在呼气的同时躯干向左旋转，左肩上抬至最大限度，保持 1~2 秒。躯干重复向两侧旋转至规定次数，换另一侧进行该动作。

四点跪姿超级训练带助力胸椎旋转训练

－ 训练目的 －

增强胸椎灵活性。

－ 注意事项 －

动作过程中保持髋部及下肢姿势不变，头部跟随躯干的旋转同步转动。

－ 训练步骤 －

1 身体呈俯撑跪姿，双膝位于髋关节正下方，右臂伸直且位于肩关节正下方，左臂屈肘上抬至与地面平行，左手扶于脑后。将超级训练带自前侧套在左肩处并经背部绕至右侧腰部，另一端固定在身体右后方低处，并使其具有一定张力。

2 保持右臂伸直且右肩位置固定，在吸气的同时躯干向右旋转，左肩下压至最大限度，保持1~2秒。

3 继续保持右臂伸直且右肩位置固定，在呼气的同时躯干向左旋转，左肩上抬至最大限度，保持1~2秒。躯干重复向两侧旋转至规定次数，换另一侧进行该动作。

四点跪姿腰椎锁定胸椎旋转训练

1

2

3

- 训练目的 -

增强胸椎灵活性。

- 注意事项 -

动作过程中保持髋部及下肢姿势不变，头部跟随躯干的旋转同步转动。

- 训练步骤 -

1 身体呈跪坐姿势，右臂屈肘且前臂撑地，左臂屈肘上抬至与地面平行，左手扶于脑后。

2 保持右臂及右肩位置固定，在吸气的同时躯干向右旋转，左肩下压至最大限度，保持 1~2 秒。

3 继续保持右臂及右肩位置固定，在呼气的同时躯干向左旋转，左肩上抬至最大限度，保持 1~2 秒。躯干重复向两侧旋转至规定次数，换另一侧进行该动作。

卧姿麻花拉伸训练

1

2

— **其他角度** —

– **训练目的** –

伸展髋部肌群，增强胸椎灵活性。

– **注意事项** –

动作过程中保持髋部及下肢姿势不变，头部跟随躯干的旋转同步转动。

– **训练步骤** –

1 身体呈右侧卧姿势，左腿向前屈髋、屈膝 90 度，右手抓住左膝，右腿向后屈膝且大腿与躯干和头部呈一条直线，左手抓住右脚脚尖，吸气。

2 保持身体稳定，在呼气的同时躯干向左旋转至最大限度，保持 1~2 秒。恢复至起始姿势，重复规定次数后，换另一侧进行该动作。

坐姿麻花拉伸训练

－ 其他角度 －

－ 训练目的 －

伸展髋部肌群，增强胸椎灵活性。

－ 注意事项 －

动作过程中保持髋部及下肢姿势不变，头部跟随躯干的旋转同步转动。

－ 训练步骤 －

1　身体呈坐姿，右腿外旋并向右屈髋、屈膝 90 度，左腿内旋并向左屈髋、屈膝 90 度，躯干挺直并后倾，右臂于体后伸直支撑，左臂于体前伸直，吸气。

2　保持右臂伸直，在呼气的同时躯干向右旋转至最大限度，左手随之向右后方移动至右手旁，保持 1~2 秒。恢复至起始姿势，重复规定次数后，换另一侧进行该动作。

站姿胸椎旋转训练

– 变式动作 –

通过身体前倾、双臂伸直、双手扶墙支撑身体重量，增大动作难度。

– 训练目的 –

增强胸椎灵活性。

– 注意事项 –

动作过程中保持髋部及下肢姿势不变，头部跟随打开的手臂同步转动。

– 训练步骤 –

1　身体呈站姿，双臂向前水平伸直且双掌并拢，吸气。

2　保持右臂伸直、右肩位置固定，在呼气的同时躯干向左旋转，左臂缓慢地向左打开至最大限度，保持1~2秒。恢复至起始姿势，重复规定次数后，换另一侧进行该动作。

弓箭步胸椎旋转训练

1

2

- 训练目的 -

增强胸椎灵活性。

- 注意事项 -

动作过程中保持髋部及下肢姿势不变，头部跟随打开的手臂同步转动。

- 训练步骤 -

1 双腿呈弓步姿势，左腿屈髋、屈膝 90 度在前，右腿屈膝 90 度在后且膝关节不触地，右脚脚尖撑地，双臂向前水平伸直且双掌并拢，吸气。

2 保持右臂伸直、右肩位置固定，在呼气的同时躯干向左旋转，左臂缓慢地向左打开至最大限度，保持 1~2 秒。恢复至起始姿势，重复规定次数后，换另一侧进行该动作。

抗阻动态胸椎灵活性训练

抗阻翻书训练

1

2

3

- 训练目的 -	- 训练步骤 -
增强胸椎灵活性。	**1** 身体呈右侧卧姿势，双腿屈髋、屈膝 90 度，右臂于肩关节正前方伸直且紧贴地面。将弹力带的一端固定在身体右侧高处，左臂于肩关节正前方伸直且用左手握住弹力带的另一端，使弹力带具有一定张力，吸气。
- 注意事项 -	
动作过程中保持髋部及下肢姿势不变，头部跟随打开的手臂同步转动。	**2** **3** 保持右臂紧贴地面，在呼气的同时躯干向左侧旋转，左臂拉动弹力带缓慢地向左打开至最大限度，保持 1~2 秒。恢复至起始姿势，重复规定次数后，换另一侧进行该动作。

抗阻对角线胸椎旋转训练

– 训练目的 –

增强胸椎灵活性。

– 注意事项 –

动作过程中保持髋部及下肢姿势不变，头部跟随打开的手臂同步转动。

– 训练步骤 –

1 身体呈右侧卧姿势，右腿伸直，左腿屈髋、屈膝 90 度并将泡沫轴置于左膝下方，右臂于体前伸直且紧贴地面。将弹力带的一端固定在身体右侧高处，左臂于肩关节斜下方伸直且用左手握住弹力带的另一端，使弹力带具有一定张力，吸气。

2
3 保持右臂紧贴地面，在呼气的同时躯干向左侧旋转，左臂拉动弹力带缓慢地向对角线方向打开至最大限度，保持 1~2 秒。恢复至起始姿势，重复规定次数后，换另一侧进行该动作。

抗阻四点跪姿胸椎旋转训练

1

2

3

- 训练目的 -

增强胸椎灵活性。

- 注意事项 -

动作过程中保持髋部及下肢姿势不变，头部跟随躯干的旋转同步转动。

- 训练步骤 -

1 身体呈俯撑跪姿，双膝位于髋关节正下方，右臂伸直且位于肩关节正下方，左臂屈肘上抬至与地面平行，左手扶于脑后。将超级训练带自后侧套在左肩处并经体前绕至右侧腰部，另一端固定在身体右后方高处，并使其具有一定张力。

2 保持右臂伸直且右肩位置固定，在吸气的同时躯干向右旋转，左肩下压至最大限度，保持1~2秒。

3 继续保持右臂伸直且右肩位置固定，在呼气的同时躯干向左旋转，左肩上抬至最大限度，保持1~2秒。躯干重复向两侧旋转至规定次数，换另一侧进行该动作。

抗阻四点跪姿腰椎锁定胸椎旋转训练

1

2

3

– 训练目的 –

增强胸椎灵活性。

– 注意事项 –

动作过程中保持髋部及下肢姿势不变，头部跟随躯干的旋转同步转动。

– 训练步骤 –

1 身体呈跪坐姿势，右臂屈肘且前臂撑地，左臂屈肘上抬至与地面平行，左手扶于脑后。将超级训练带自后侧套在左肩处并经体前绕至右侧腰部，另一端固定在身体右后方高处，并使其具有一定张力。

2 保持右臂及右肩位置固定，在吸气的同时躯干向右旋转，左肩下压至最大限度，保持 1~2 秒。

3 继续保持右臂及右肩位置固定，在呼气的同时躯干向左旋转，左肩上抬至最大限度，保持 1~2 秒。躯干重复向两侧旋转至规定次数，换另一侧进行该动作。

抗阻站姿胸椎旋转训练

1

2

– 变式动作 –

通过身体前倾、双臂伸直、双手扶墙支撑身体重量，增大动作难度。

– 训练目的 –

增强胸椎灵活性及肩胛区域的稳定性。

– 注意事项 –

动作过程中保持髋部及下肢姿势不变，头部跟随打开的手臂同步转动。

– 训练步骤 –

1 身体呈站姿，双臂前平举，双手分别握住弹力带的两端并使其具有一定张力，吸气。

2 保持右臂伸直、右肩位置固定，在呼气的同时躯干向左旋转，左臂缓慢地向左打开至最大限度，保持1~2秒。恢复至起始姿势，重复规定次数后，换另一侧进行该动作。

抗阻弓箭步胸椎旋转训练

- 训练目的 -

增强胸椎灵活性及肩胛区域的稳定性。

- 注意事项 -

动作过程中保持髋部及下肢姿势不变，头部跟随打开的手臂同步转动。

- 训练步骤 -

1 双腿呈弓步姿势，左腿屈髋、屈膝 90 度在前，右腿屈膝 90 度在后且膝关节不触地，右脚脚尖撑地，双臂前平举，双手分别握住弹力带的两端并使其具有一定张力，吸气。

2 保持右臂伸直、右肩位置固定，在呼气的同时躯干向左旋转，左臂缓慢地向左打开至最大限度，保持 1~2 秒。恢复至起始姿势，重复规定次数后，换另一侧进行该动作。

举壶铃胸椎旋转训练

1

2

- 训练目的 -

增强胸椎灵活性及肩胛
区域的稳定性。

- 注意事项 -

动作过程中保持身体稳定。

- 训练步骤 -

1 身体呈站姿，双脚分开，距离与肩同宽，右臂于
体侧伸直，左手抓握壶铃，左臂向上伸直至垂直
于地面，壶铃底部向下，吸气。

2 保持左臂伸直且垂直于地面,在呼气的同时屈髋、
屈膝下蹲，躯干向左旋转至右手触地，保持 1~2
秒。恢复至起始姿势，重复规定次数后，换另一
侧进行该动作。

3.2.4 肩胛胸廓关节稳定性训练

在肩关节复合体中，肩胛骨的位置和稳定性非常重要，会影响手臂上抬的肩肱节律，还会影响肱骨的相对位置。此外，肩胛骨是运动链上重要的一环，可将由髋部或躯干下部传来的力传递至胸椎段及颈椎段。肩胛胸廓关节的稳定性主要依靠与肩胛骨相连的肌肉——它们就像帆船上固定桅杆的缆绳，相互作用，保持一个相对平衡的张力结构。肩胛骨周围附着的肌肉有十多块，其中对肩胛骨位置影响较大的是胸小肌、斜方肌、菱形肌、前锯肌、肩胛提肌、肩袖肌群和大圆肌等。这些肌肉的收缩能使肩胛骨进行后缩、前伸、上提、下降、前倾、后倾、上回旋和下回旋。

肩胛骨周围的肌肉对肩关节功能来说极其重要，因为只有这些肌肉高效地协同工作，才能使肩胛骨进行正确的运动。前锯肌、斜方肌中束、斜方肌下束和菱形肌是肩胛骨的重要控制肌及稳定肌，也是肩胛骨稳定性训练的重点。在训练的过程中，建议从俯卧姿势或仰卧姿势的练习开始，减少重力的影响；接着过渡到四点支撑姿势的练习；然后进阶到跪姿（包括双腿对称跪姿和单腿跪姿）的练习；最后过渡到站姿（包括双腿对称站姿、双腿前后站姿和单腿站姿）的练习。总体来说，随着参与训练的身体环节逐渐增加，控制难度也逐步提高。从负荷维度来说，进阶的顺序是从无负重练习开始，接着过渡到弹力带练习，然后进阶到实心球、哑铃或壶铃练习，最后过渡到杠铃练习。身体姿势的变化和使用负荷的变化可以相互结合，形成一个训练矩阵，变化出多种练习方法和进阶方式。

在进行肩胛胸廓关节稳定性训练的过程中，动作质量尤其重要，训练者应注意感受肩胛骨细微的位置变化，避免用大肌群代偿，才能真正实现针对目标肌肉的锻炼。此外，训练者应注意控制动作节奏，速度不要太快，向心阶段、等长用力阶段和离心阶段应很清晰——在向心收缩结束后，一定要保持等长控制 1~2 秒，然后进行离心收缩。离心控制能力是非常重要的，能够在快速挥臂或负重时，更好地保持肩胛骨的稳定性。

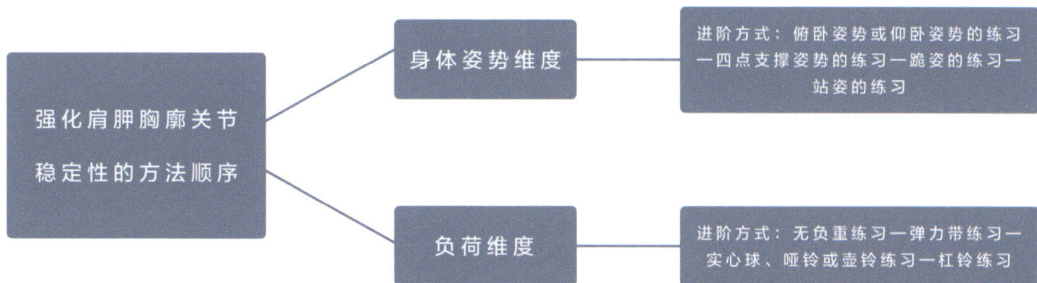

```
强化肩胛胸廓关节      身体姿势维度      进阶方式：俯卧姿势或仰卧姿势的练习
稳定性的方法顺序                      —四点支撑姿势的练习—跪姿的练习—
                                    站姿的练习

                     负荷维度        进阶方式：无负重练习—弹力带练习—
                                    实心球、哑铃或壶铃练习—杠铃练习
```

无器械训练

俯卧T字训练

1

2

– 训练目的 –

激活肩部及上背部肌群，增强肩胛胸廓关节的稳定性。

– 注意事项 –

动作过程中保持身体稳定，拇指朝上。

– 训练步骤 –

1 身体呈俯卧姿势，双腿伸直并拢，双臂侧平举，双手四指握拳、拇指朝上，整个身体呈T字形。

2 肩胛骨向内收紧，然后双臂上抬至最大限度，保持1~2秒。恢复至起始姿势，重复规定次数。

俯卧Y字训练

1

2

－ 训练目的 －

激活肩部及肩胛骨周围肌群，增强肩胛胸廓关节的稳定性。

－ 注意事项 －

动作过程中保持身体稳定，拇指朝上。

－ 训练步骤 －

1　身体呈俯卧姿势，双腿伸直并拢，双臂向前伸直，双手距离大于肩宽且四指握拳、拇指朝上，整个身体呈Y字形。

2　肩胛骨向内收紧，然后双臂上抬至最大限度，保持 1~2 秒。恢复至起始姿势，重复规定次数。

俯卧W字训练

1

2

− 训练目的 −

激活肩部及肩胛骨周围肌群，增强肩胛胸廓关节的稳定性。

− 注意事项 −

动作过程中保持身体稳定，拇指朝上。

− 训练步骤 −

1 身体呈俯卧姿势，双腿伸直并拢，双臂向前伸直且距离与肩同宽，双手四指握拳、拇指朝上，整个身体呈I字形。

2 肩胛骨向内收紧，然后双臂上抬并屈肘后拉至与躯干呈W字形，保持1~2秒。恢复至起始姿势，重复规定次数。

站姿俯身T字训练

－ 其他角度 －

肩胛胸廓关节稳定性训练 ▼ 无器械训练

－ 训练目的 －

激活肩部及上背部肌群，增强肩胛胸廓关节的稳定性。

－ 注意事项 －

动作过程中保持背部平直，拇指朝上。

－ 训练步骤 －

1 双脚分开站立，距离与肩同宽。双膝微屈，向前俯身 45 度，同时双臂于体前平行伸直，双手四指握拳，拇指朝上，掌心相对。

2 保持髋部及下肢稳定不动，肩胛骨向内收紧。

3 双臂向两侧打开并上抬至与地面平行，与躯干呈T字形，保持 1~2 秒。恢复至起始姿势，重复规定次数。

站姿俯身Y字训练

－ 其他角度 －

－ 训练目的 －

激活肩部及肩胛骨周围肌群，增强肩胛胸廓关节的稳定性。

－ 注意事项 －

动作过程中保持背部平直，拇指朝上。

－ 训练步骤 －

1. 双脚分开站立，距离与肩同宽。双膝微屈，向前俯身 45 度，同时双臂于体前平行伸直，双手四指握拳，拇指朝上，掌心相对。

2. 保持髋部及下肢稳定不动，肩胛骨向内收紧，然后双臂伸直斜向上举过头顶，与躯干呈 Y 字形，保持 1~2 秒。恢复至起始姿势，重复规定次数。

站姿俯身W字训练

－ 其他角度 －

肩胛胸廓关节稳定性训练 ▼ 无器械训练

－ 训练目的 －

激活肩部及肩胛骨周围肌群，增强肩胛胸廓关节的稳定性。

－ 注意事项 －

动作过程中保持背部平直。

－ 训练步骤 －

1 双脚分开站立，距离与肩同宽。双膝微屈，向前俯身 45 度，同时双臂于头部两侧平行伸直，双手掌心相对。

2 保持髋部及下肢稳定不动，肩胛骨向内收紧，然后双臂屈肘后拉至与躯干呈W字形，双手掌心向下，保持 1~2 秒。恢复至起始姿势，重复规定次数。

肩胛骨俯卧撑训练

1

2

3

－ 训练目的 －

激活肩部及肩胛骨周围肌群，增强肩胛胸廓关节的稳定性。

－ 注意事项 －

动作过程中保持核心收紧，缓慢、有控制地完成。

－ 训练步骤 －

1 身体呈俯撑姿势，双腿并拢伸直，双臂于肩关节正下方伸直，双手和双脚脚尖撑地，从头部到脚踝呈一条直线。

2 肩部下沉，肩胛骨向内收紧至最大限度，保持1~2秒。

3 肩部上抬，上背部微微拱起，肩胛骨向外打开至最大限度，保持1~2秒。重复向内收紧、向外打开肩胛骨至规定的次数。

弹力带训练

弹力带水平外展训练

– 训练目的 –

强化肩部及上背部肌群，增强肩胛胸廓关节的稳定性。

– 注意事项 –

动作过程中保持核心收紧、双臂伸直，避免耸肩。

– 训练步骤 –

1 双脚并拢站立，双臂伸直上抬至与地面平行，双手掌心向下并分别握住弹力带的两端，使弹力带具有一定张力。

2 保持躯干及下肢稳定，双臂向两侧水平打开至与肩关节呈一条直线，保持 1~2 秒。恢复至起始姿势，重复规定次数。

弹力带45度斜向外展训练

1

2

- 训练目的 -

强化肩部及上背部肌群，增强肩胛胸廓关节的稳定性。

- 注意事项 -

动作过程中保持核心收紧、双臂伸直，避免耸肩。

- 训练步骤 -

1 双脚并拢站立，左臂伸直上抬至与地面平行，右臂于体前斜向下伸直，双手（掌心向下）分别握住弹力带的两端并使其具有一定张力。

2 保持躯干及下肢稳定，左臂向斜上方45度打开，同时右臂向斜下方45度打开，至双臂呈一条直线且与躯干在同一平面内，保持1~2秒。恢复至起始姿势，重复规定次数后，换另一侧进行该动作。

弹力带抗阻W字下拉训练

－ 训练目的 －

强化肩部及上背部肌群，增强肩胛胸廓关节的稳定性。

－ 注意事项 －

动作过程中保持核心收紧，避免耸肩。

－ 训练步骤 －

1. 双脚并拢站立，双臂伸直上抬至头部两侧且与躯干呈Y字形，双手掌心向前并分别握住弹力带的两端，使弹力带具有一定张力。

2. 保持躯干及下肢稳定不动，双臂屈肘下拉至与躯干呈W字形，同时弹力带从身体后侧通过，保持 1~2 秒。恢复至起始姿势，重复规定次数。

弹力带抗阻Y字训练

1

2

－ 训练目的 －

激活肩部及肩胛骨周围肌群，增强肩胛胸廓关节的稳定性。

－ 注意事项 －

动作过程中保持核心收紧、双臂伸直，避免耸肩。

－ 训练步骤 －

1 双脚并拢站立，双臂于体侧斜向下伸直，双手掌心相对并分别握住弹力带的两端，使弹力带具有一定张力。

2 保持躯干及下肢稳定不动，双臂上抬至头部两侧且与躯干呈Y字形，保持 1~2 秒。恢复至起始姿势，重复规定次数。

弹力带站姿俯身Y字训练

1

2

- **训练目的 -**

激活肩部及肩胛骨周围肌群，增强肩胛胸廓关节的稳定性。

- **注意事项 -**

动作过程中保持背部平直，拇指朝上。

- **训练步骤 -**

1 双脚分开站立且踩住弹力带的中段，距离与肩同宽。双膝微屈，向前俯身45度，同时双臂于体前平行伸直，双手掌心相对且分别握住弹力带的两端（建议使弹力带具有一定张力）。

2 保持髋部及下肢稳定不动，肩胛骨向内收紧，然后双臂伸直斜向上举过头顶，与躯干呈Y字形，保持1~2秒。恢复至起始姿势，重复规定次数。

弹力带肩胛骨后缩训练

1

2

– 训练目的 –

激活肩部及肩胛骨周围肌群，增强肩胛胸廓关节的稳定性。

– 注意事项 –

动作过程中保持核心收紧，缓慢、有控制地完成。

– 训练步骤 –

1 双脚分开站立，距离与肩同宽。将弹力带中段固定在身体正前方高处，双臂前平举，双手掌心相对且分别握住弹力带的两端，保持弹力带具有一定张力。

2 保持身体姿势不变，肩胛骨后缩（向内收紧），保持 1~2 秒。恢复至起始姿势，重复规定次数。

弹力带四点跪姿后顶瑞士球抬臂训练

1

2

－ 训练目的 －

激活肩部及肩胛骨周围肌群，增强肩胛胸廓关节的稳定性。

－ 注意事项 －

动作过程中保持核心收紧、双臂伸直，避免耸肩。

－ 训练步骤 －

1 身体呈俯撑跪姿，双脚脚尖抵住墙面，在小腿上方放置一个瑞士球并通过臀部后顶进行固定，使双膝位于髋关节正下方并将弹力带的一端固定在右膝下方，双臂于肩关节正下方伸直且用右手握住弹力带的另一端（建议使弹力带具有一定张力）。

2 保持躯干及下肢稳定不动，右臂向身体正前方上抬至与躯干呈一条直线，保持1~2秒。恢复至起始姿势，重复规定次数后，换另一侧进行该动作。

弹力带肩胛骨后缩双臂上举训练

1

2

3

－ 训练目的 －

激活肩部及肩胛骨周围肌群，增强肩胛胸廓关节的稳定性。

－ 注意事项 －

动作过程中保持核心收紧、双臂伸直，缓慢、有控制地完成。

－ 训练步骤 －

1 双脚分开站立，距离与肩同宽。将弹力带中段固定在身体正前方高处，双臂前平举，双手掌心相对且分别握住弹力带的两端，保持弹力带具有一定张力。

2 保持身体姿势不变，肩胛骨后缩（向内收紧），保持 1~2 秒。

3 保持躯干及下肢稳定不动，双臂上举至垂直于地面，保持 1~2 秒。恢复至起始姿势，重复规定次数。

3.2.5 盂肱关节稳定性训练

盂肱关节是人体活动范围最大的关节，但稳定性相对较差，这与盂肱关节的结构有很大关系。盂肱关节的稳定性主要体现在保持肱骨在肩胛骨关节盂中处于良好的相对位置。实现盂肱关节的稳定，首先需要保持关节的共轴性，而只有当肱骨头在关节盂中处于合理的位置，并且具备良好的神经肌肉控制时，才能实现良好的肩肱节律和盂肱关节功能。因此，在进行盂肱关节稳定性训练之前，首先需要保证肩胛骨处于合理的解剖学位置。

肩袖肌群、肱二头肌与关节囊一起为盂肱关节形成动态稳定支撑，其中肩袖肌群和肱二头肌长头键共同作用，将肱骨头控制在关节盂中。肩袖肌群由冈上肌、冈下肌、小圆肌和肩胛下肌组成——这四块小肌肉分别附着在肩胛骨的不同位置（起点）上，并通过各自的肌腱连接到肱骨（止点），发挥稳定功能。当肩袖肌群薄弱或出现损伤，对肱骨头的控制能力下降，特别是在快速挥臂的过程中不能够很好地通过离心收缩控制肱骨头的位置时，就会出现肩峰撞击和肩袖肌腱损伤等问题。肱二头肌长头附着于肩胛骨盂上结节，在肱骨结节间沟与横韧带形成的骨纤维管道中通过，同时也跨过肱骨头的上方。因此，当肱骨在关节盂内活动时，肱二头肌长头会限制肱骨头向前移位和向上移位，形成稳定机制。

在进行盂肱关节稳定性训练时，建议从静态稳定性训练开始，并在动作练习方面选择从仰卧姿势的练习开始，逐步进阶到跪姿和站姿的练习，或者选择从无负重练习开始，逐步进阶到轻负荷和较大负荷的练习。在具备保持静态稳定的能力后，训练者应进行动态稳定性训练：首先强化肩袖肌群的力量（由于肩袖肌群附着在肩胛骨上，保持肩胛骨的正确解剖学位置是肩袖肌群力量训练的基础）；然后逐步进阶至复杂的整体性练习，使盂肱关节能够在整体运动链中实现稳定功能。

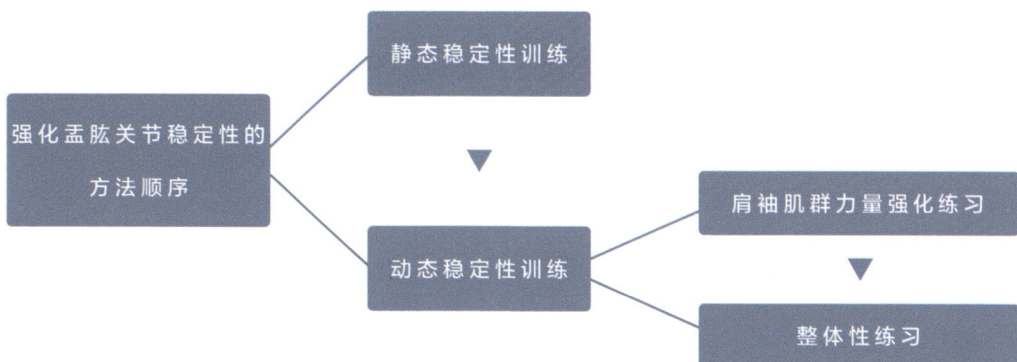

无器械训练

仰卧抗阻多方位扰动训练

手臂保持垂直，对抗来自不同方向的阻力

- 训练目的 -

激活肩部肌群，增强盂肱关节稳定性。

- 注意事项 -

训练者在动作过程中保持身体稳定，避免耸肩或躯干抬离地面。辅助者在动作过程中避免施加过大的阻力。

- 训练步骤 -

训练者呈仰卧姿势，下肢并拢，右臂伸直上举。辅助者单手或双手握住训练者的手腕，并施加多方向的力进行扰动。训练者对抗辅助者施加的阻力，尽量保持右肩位置固定至规定时间。然后，换另一侧进行该动作。

单臂支撑训练

– 训练目的 –

激活肩部与核心肌群，增强盂肱关节稳定性。

– 注意事项 –

动作过程中保持身体稳定，双臂伸直，头部跟随打开的手臂同步转动。

– 训练步骤 –

身体呈俯撑姿势，双腿并拢伸直，双臂于肩关节正下方伸直，双手和双脚脚尖撑地，从头部到脚踝呈一条直线。然后左臂向左上方打开，同时躯干向左旋转，至双臂呈一条直线。保持身体稳定至规定时间后，换另一侧进行该动作。

T形俯卧撑旋转训练

1

2

- 训练目的 -

激活肩部与核心肌群，增强盂肱关节稳定性。

- 注意事项 -

动作过程中保持身体稳定，双臂伸直，头部跟随打开的手臂同步转动。

- 训练步骤 -

1 身体呈俯撑姿势，双腿并拢伸直，双臂于肩关节正下方伸直，双手和双脚脚尖撑地，从头部到脚踝呈一条直线。

2 左臂向左上方打开，同时躯干向左旋转，至双臂呈一条直线，保持1~2秒。恢复至起始姿势，重复规定次数后，换另一侧进行该动作。

上臂水平位肩外旋训练

1

2

- 训练目的 -

激活肩关节外旋肌群，增强盂肱关节稳定性。

- 注意事项 -

动作过程中保持核心收紧，避免耸肩或过度用力。

- 训练步骤 -

1 双脚并拢站立，左臂自然置于体侧，右臂屈肘 90 度上抬至与地面平行且上臂与肩关节呈一条直线，右手掌心向下。

2 右臂上臂保持位置不变，前臂围绕上臂向上转动至最大限度，保持 1~2 秒。恢复至起始姿势，重复规定次数后，换另一侧进行该动作。

弹力带训练

弹力带抗阻夹臂单侧肩外旋训练

1

2

- 训练目的 -

激活肩关节外旋肌群，
增强盂肱关节稳定性。

- 注意事项 -

动作过程中保持核心
收紧，避免耸肩或过
度用力。

- 训练步骤 -

1 双脚并拢站立，左臂自然置于体侧。将弹力带的
一端固定在身体左侧约与肘部同高处，右臂向上
屈肘 90 度并用右手（掌心向上）握住弹力带的
另一端，使弹力带具有一定张力。

2 保持右臂上臂夹紧身体，前臂向外打开至最大限
度，保持 1~2 秒。恢复至起始姿势，重复规定
次数后，换另一侧进行该动作。

弹力带抗阻上臂水平位肩外旋训练

– 训练目的 –

激活肩关节外旋肌群，增强盂肱关节稳定性。

– 注意事项 –

动作过程中保持核心收紧，避免耸肩或过度用力。

– 训练步骤 –

1. 双脚并拢站立，左臂自然置于体侧。将弹力带的一端固定在身体正前方高处，右臂屈肘 90 度上抬至与地面平行且上臂与肩关节呈一条直线，同时用右手（掌心向下）握住弹力带的另一端并使其具有一定张力。

2. 右臂上臂保持位置不变，前臂围绕上臂向上转动至最大限度，保持 1~2 秒。恢复至起始姿势，重复规定次数后，换另一侧进行该动作。

弹力带水平45度肩上抬训练

- 训练目的 -

激活肩部肌群，增强盂肱关节稳定性。

- 注意事项 -

动作过程中保持核心收紧，避免耸肩。

- 训练步骤 -

1　双脚分开站立且踩住弹力带的一端，距离小于肩宽，左手叉腰，右臂于体前斜向下伸直并用右手（掌心向后）握住弹力带的另一端，使弹力带具有一定张力。

2　保持躯干及下肢稳定，右臂向斜上方45度上抬至与地面平行，保持1~2秒。恢复至起始姿势，重复规定次数后，换另一侧进行该动作。

弹力带迎面后拉训练

1

2

－ 训练目的 －

激活肩部肌群，增强盂肱关节稳定性。

－ 注意事项 －

动作过程中保持核心收紧，避免耸肩。

－ 训练步骤 －

1 双脚一前一后分开站立，将弹力带的中段固定在身体正前方高处，双臂斜向上伸直并用双手（掌心向下）分别握住弹力带的两端，使弹力带具有一定张力。

2 保持躯干及下肢稳定，双臂屈肘 90 度后拉，直至上臂与地面平行、前臂与地面垂直，且双臂与躯干在同一平面内，保持1~2秒。恢复至起始姿势，重复规定次数。

弹力带抗阻夹臂双侧肩外旋训练

1

2

- 训练目的 -

激活肩关节外旋肌群，
增强盂肱关节稳定性。

- 注意事项 -

动作过程中保持核心收
紧，避免耸肩或过度用力。

- 训练步骤 -

1 双脚并拢站立，双臂夹紧身体并屈肘上抬至前臂
与地面平行，双手掌心向上且分别握住弹力带的
两端，使弹力带具有一定张力。

2 保持双臂上臂夹紧身体，前臂向外打开至最大限
度，保持 1~2 秒。恢复至起始姿势，重复规定
次数。

壶铃训练

仰卧持壶铃转动训练

– 训练目的 –

激活肩部肌群，增强盂肱关节稳定性。

– 注意事项 –

动作过程中保持身体稳定，核心收紧。

– 训练步骤 –

1   身体呈仰卧姿势，双腿屈膝，双脚触地，左臂自然置于体侧，右臂向上伸直，右手掌心向前且抓握一只壶铃（底部朝下）。

2 ~ 3   保持右臂伸直、右肩位置固定，右臂缓慢地先向内再向外转动。交替转动规定次数，换另一侧进行该动作。

仰卧举壶铃屈髋训练

1

2

– 变式动作 –

起始姿势调整为向上挺髋至支撑腿的大腿与下背部呈一条直线，训练腿微微抬离地面（图中未展示），以增加动作难度。

– 训练目的 –

激活肩部肌群，增强盂肱关节稳定性。

– 注意事项 –

动作过程中保持身体稳定，核心收紧。

– 训练步骤 –

1 身体呈仰卧姿势，左腿蹬直，右腿屈膝且右脚触地，左臂自然置于体侧，右臂向上伸直，右手掌心向前且抓握一只壶铃（底部朝下）。

2 保持上半身及右腿姿势不变，左腿伸直上抬至约与地面垂直，保持 1~2 秒。恢复至起始姿势，重复规定次数后，换另一侧进行该动作。

跪姿壶铃绕颈训练

- 训练目的 -

激活肩部肌群，增强盂肱关节稳定性。

- 注意事项 -

动作过程中保持躯干及下肢稳定，避免耸肩。

- 训练步骤 -

1 身体呈跪姿，躯干挺直，双手抓握一只壶铃置于胸前，壶铃底部朝上。

**2
~
6** 双手上举壶铃，并逆时针围绕头部运动。一组完成后，双手上举壶铃反向（顺时针）围绕头部运动。顺逆时针交替完成规定的次数。

反握壶铃上举训练

1

2

－ 训练目的 －

激活肩部肌群，增强盂肱关节稳定性。

－ 注意事项 －

动作过程中保持身体稳定，避免耸肩。

－ 训练步骤 －

1 身体呈跪姿，躯干挺直，左臂自然置于体侧，右臂向上屈肘至前臂与地面垂直，右手（掌心向左）抓握一只壶铃且壶铃底部朝上。

2 保持肩部稳定，有控制地向上伸直右臂至上臂贴近头部，保持 1~2 秒。恢复至起始姿势，重复规定次数后，换另一侧进行该动作。

双手提壶铃行走训练

1

2

3

－ 训练目的 －

激活肩部肌群，增强盂肱关节稳定性。

－ 注意事项 －

动作过程中保持身体稳定，避免耸肩。

－ 训练步骤 －

1　双脚并拢站立，双臂伸直且紧贴身体两侧，双手分别抓握一只壶铃。

2 ~ 3　保持肩部稳定，慢慢向前行走至规定的时长或距离。

单手举壶铃行走训练

- 训练目的 -

激活肩部肌群，增强盂肱关节稳定性。

- 注意事项 -

动作过程中保持身体挺直，举壶铃侧手臂伸直，避免耸肩。

- 训练步骤 -

1 双脚并拢站立，右手抓握一只壶铃，右臂伸直上举过头顶，左臂自然置于体侧。

2~3 保持肩部稳定，慢慢向前行走至规定的时长或距离。然后，换另一侧进行该动作。

单腿跪姿单臂举壶铃躯干旋转训练

1

2

－ 训练目的 －

激活肩部肌群，增强盂肱关节稳定性。

－ 注意事项 －

动作过程中保持双眼看向壶铃，举壶铃侧手臂伸直。

－ 训练步骤 －

1 身体呈单腿跪姿，左腿屈膝跪地，右腿向左腿右前方约 45 度屈膝 90 度。然后躯干向右旋转，左臂于左腿正前方伸直，左手撑地，右臂竖直向上伸直，右手掌心向后抓握一只壶铃（底部朝下），双臂与肩关节呈一条直线，双眼看向壶铃。

2 保持下肢稳定，左臂屈肘，躯干下压至最大限度，保持 1~2 秒。恢复至起始姿势，重复规定次数后，换另一侧进行该动作。

半土耳其举训练

1

2

- 训练目的 -

激活肩部肌群，增强盂肱关节稳定性。

- 注意事项 -

动作过程中保持双眼看向壶铃，举壶铃侧手臂伸直，同时注意发力顺序。

- 训练步骤 -

1 身体呈仰卧姿势，左腿伸直，右腿屈曲，左臂于体侧伸直，右臂竖直向上伸直，右手掌心向前抓握一只壶铃（底部朝下），双眼看向壶铃。

2 左臂屈肘支撑，同时躯干向上抬起，至右臂、肩关节与左臂上臂呈一条直线，保持1~2秒。

3

4

5

– 训练步骤 –

3 左臂完全伸直，左手撑地，同时躯干向上抬起，至双臂与肩关节呈一条直线，保持 1~2 秒。

4
~
5 倒序完成上述动作，恢复至起始姿势。重复规定次数后，换另一侧进行该动作。

3.2.6 核心稳定性训练

人体的运动是以复杂的运动链形式进行的，而四肢的运动是在保持核心稳定的基础上实现的。想要进行上肢运动时，不论是坐姿还是站姿，人体首先会激活脊柱周围的深层稳定肌，然后在保持脊柱稳定的前提下，通过运动链传递的形式，逐步激活肩胛骨周围的稳定肌，最后激活盂肱关节的运动肌、稳定肌和拮抗肌，实现上肢的运动。

在按照 3.2.1 至 3.2.5 的内容进行训练后，训练者逐步实现了肩关节局部功能的恢复。下一步，训练者需要对核心部位进行稳定性训练，从而加强人体运动链各组成单元的相互配合。核心稳定性训练旨在对脊柱周围的深层稳定肌进行强化，以使核心部位在运动中保持刚性，从而为四肢的运动提供有效支撑且尽量减少力量传递过程中的能量损失。

核心稳定性训练应主要从抗屈曲、抗伸展、抗侧屈和抗旋转四个方面进行：抗屈曲训练旨在对核心后侧的稳定肌进行强化，以避免身体在运动中过度屈曲；抗伸展训练旨在对核心前侧的稳定肌进行强化，以避免身体在运动中过度伸展；抗侧屈训练旨在对核心侧面的稳定肌进行强化，以避免身体在运动中过度向对侧屈曲；抗旋转训练旨在对控制核心旋转的稳定肌进行强化，以避免身体在运动中过度向对侧旋转。

进行核心稳定性训练时并不需要使用太大的负重，利用自身体重或者较轻的负重即可。此外，训练者应从静态稳定性训练开始，逐渐过渡到动态稳定性训练。进行动态稳定性训练时，应缓慢、有控制地完成动作，注重等长控制和离心收缩过程，并且始终保持核心的稳定。

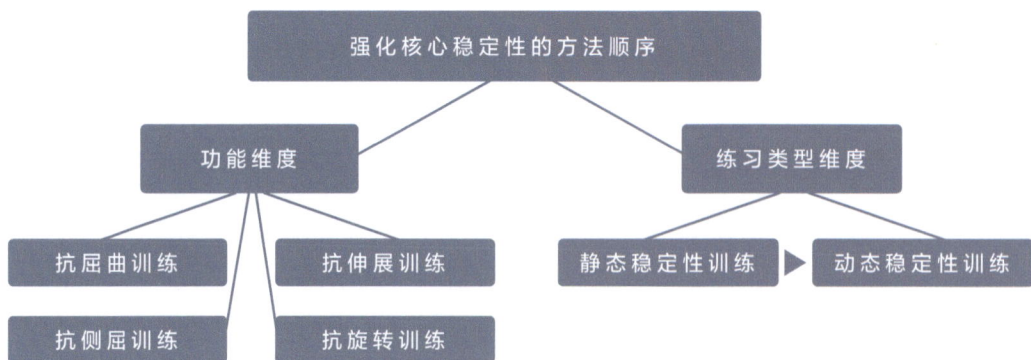

无器械静态训练

静态平板支撑训练

－ 训练目的 －

激活并强化核心肌群，增强核心稳定性。

－ 注意事项 －

动作过程中保持核心收紧，避免塌腰、耸肩。

－ 训练步骤 －

身体呈俯撑姿势，双臂于肩关节正下方屈肘，前臂和双脚脚尖支撑，从头部到脚踝呈一条直线。保持身体稳定至规定时间。

静态侧向平板支撑训练

1

2

- 训练目的 -	- 训练步骤 -
激活并强化躯干侧向肌群，增强核心稳定性。	**1** 身体呈右侧卧姿势，左手扶腰，右臂于肩关节正下方屈肘支撑，躯干抬起，双腿并拢叠放，右腿完全贴地。
- 注意事项 -	
动作过程中保持身体稳定，避免腰部下沉。	**2** 保持背部挺直，核心收紧，髋部向上顶起至从头部到脚踝呈一条直线，右脚侧面支撑。保持身体稳定至规定时间后，换另一侧进行该动作。

静态仰卧挺髋训练

核心稳定性训练 ▼ 无器械静态训练

– 训练目的 –

激活并强化躯干后侧肌群，增强核心稳定性。

– 注意事项 –

动作过程中避免双腿向外打开。

– 训练步骤 –

身体呈仰卧姿势，双腿屈膝，脚尖勾起，脚跟着地，双手放在身体两侧，自然摆放。核心收紧，髋部向上顶起至躯干与大腿呈一条直线。保持身体稳定至规定时间。

静态自身对抗训练

– 变式动作 –

通过两侧上下肢同时分别进行对侧静态对抗和伸展，增大动作控制与肌群协调配合的难度。

– 训练目的 –

激活并强化核心肌群，增强核心稳定性。

– 注意事项 –

动作过程中保持身体稳定，避免头部用力伸够。

– 训练步骤 –

身体呈仰卧姿势，双腿屈髋、屈膝 90 度向上抬起，头部和肩部向上抬起，双臂伸直前伸，双手握住双膝，保持核心收紧。双臂发力向后推动双膝，使双腿具有向后运动的趋势，同时双腿发力对抗双臂呈向前运动的趋势，使双腿姿势保持不变。保持双臂与双腿静态对抗姿势至规定时间。

静态俯卧超人训练

－ 训练目的 －

激活并强化背部肌群，增强核心稳定性。

－ 注意事项 －

动作过程中双臂和双腿尽量向远方伸展。

－ 训练步骤 －

身体呈俯卧姿势，双臂于头部两侧向前伸直。保持躯干和髋部紧贴地面，头部、肩部、双臂和双腿向上抬起。保持身体稳定至规定时间。

静态四点支撑稳定训练

- **训练目的** -

强化核心稳定性，提升对侧肌肉链协同工作的能力。

- **注意事项** -

动作过程中保持躯干挺直、身体稳定，避免髋部旋转。

- **训练步骤** -

身体呈俯撑跪姿，双臂于肩关节正下方伸直，双膝于髋关节正下方跪地。保持左臂和右腿姿势不变，左腿向后伸直至与地面平行，同时右臂前伸直至与地面平行。保持身体稳定至规定时间后，换另一侧进行该动作。

无器械动态训练

动态平板支撑训练

1

2

3

- 训练目的 -

激活并强化核心肌群，增强核心稳定性。

- 注意事项 -

动作过程中保持背部平直，避免塌腰、耸肩。

- 训练步骤 -

1 身体呈俯撑姿势，双臂于肩关节正下方屈肘，双脚并拢，前臂和双脚脚尖支撑，从头部到脚踝呈一条直线。

2 保持从头部到脚踝呈一条直线且核心收紧，左脚向左移动一步，保持1~2秒。

3 保持从头部到脚踝呈一条直线且核心收紧，右脚向右移动一步，保持1~2秒。恢复至起始姿势，重复规定次数。

动态侧向平板支撑训练

1

2

– 训练目的 –

激活并强化躯干侧向肌群，增强核心稳定性。

– 注意事项 –

动作过程中保持从头部到脚踝在同一平面内，避免髋部触地。

– 训练步骤 –

1 身体呈右侧卧姿势，左手扶腰，右臂于肩关节正下方屈肘支撑，双腿伸直并拢叠放，髋部向上顶起至最大限度，保持 1~2 秒。

2 保持背部挺直，核心收紧，髋部有控制地下落至即将触地，保持 1~2 秒。恢复至起始姿势，重复规定次数后，换另一侧进行该动作。

动态仰卧挺髋训练

1

2

– 训练目的 –

激活并强化躯干后侧肌群，增强核心稳定性。

– 注意事项 –

动作过程中避免双腿向外打开。

– 训练步骤 –

1 身体呈仰卧姿势，双腿屈膝，脚尖勾起，脚跟着地，臀部微微抬离地面，双手放在身体两侧，自然摆放。

2 核心收紧，髋部向上顶起至躯干与大腿呈一条直线，保持 1~2 秒。恢复至起始姿势，重复规定次数。

动态仰卧肢体伸展训练

1

2

3

4

- 训练目的 -

强化核心稳定性，提升对侧肌肉链协同工作的能力。

- 注意事项 -

动作过程中保持身体稳定，双臂伸直，双腿不触地。

- 训练步骤 -

1 身体呈仰卧姿势，双臂于头部两侧向后伸直，双腿伸直且微微抬离地面。

2 保持左臂和右腿姿势不变，右臂向前伸直划动至体侧，同时左腿屈髋、屈膝 90 度向上抬起，保持 1~2 秒。

3 右臂向后伸直过头顶，左腿伸直。恢复至起始姿势。

4 保持右臂和左腿姿势不变，左臂向前伸直划动至体侧，右腿屈髋、屈膝 90 度向上抬起，保持 1~2 秒。两侧交替，重复进行规定次数。

动态俯卧肢体伸展训练

1

2

- **训练目的** -

激活并强化背部肌群，
增强核心稳定性。

- **注意事项** -

动作过程中双臂和双腿
尽量向远方伸展。

- **训练步骤** -

1 身体呈俯卧姿势，躯干和髋部紧贴地面，
双臂于头部两侧向前伸直，双腿并拢伸
直且微微向上抬起。

2 保持左臂和右腿姿势不变，右臂和左腿
同时伸直上抬至最大限度，保持 1~2
秒。恢复至起始姿势，重复规定次数后，
换另一侧进行该动作。

动态四点支撑肢体伸展训练

1

2

3

– 训练目的 –	– 训练步骤 –
强化核心稳定性，提升对侧肌肉链协同工作的能力。	**1** 身体呈俯撑跪姿，双臂于肩关节正下方伸直，双膝于髋关节正下方跪地。
	2 保持左臂和右腿姿势不变，左腿向前屈髋，同时右手向后触摸左膝，保持 1~2 秒。
– 注意事项 –	
动作过程中保持身体稳定、双臂伸直，避免髋部旋转。	**3** 继续保持左臂和右腿姿势不变，左腿向后伸直至与地面平行，同时右臂向前伸直至与地面平行，保持 1~2 秒。重复触摸、上抬过程规定次数后，换另一侧进行该动作。

弹力带静态训练

弹力带静态跪姿抗屈曲训练

－ 训练目的 －

强化躯干伸展肌群，增强抗屈曲能力。

－ 注意事项 －

动作过程中保持身体朝向正前方，避免躯干前倾。

－ 训练步骤 －

身体呈跪姿（可在膝关节下方放置一个平衡垫），头部、躯干和大腿呈一条直线，双手叉腰。将弹力带的一端固定在身体正前方约与胸部同高处（或由辅助者握住），另一端从背部（位置在胸部下方）绕过，使弹力带具有一定张力。身体与弹力带向前的阻力静态对抗，保持身体稳定至规定时间。

核心稳定性训练 ▼ 弹力带静态训练

弹力带静态跪姿抗伸展训练

– 训练目的 –

强化躯干屈曲肌群，增强抗伸展能力。

– 注意事项 –

动作过程中保持身体朝向正前方，避免躯干后仰。

– 训练步骤 –

身体呈跪姿（可在膝关节下方放置一个平衡垫），头部、躯干和大腿呈一条直线，双手叉腰。将弹力带的一端固定在身体正后方约与胸部同高处（或由辅助者握住），另一端从胸部下方绕过，使弹力带具有一定张力。身体与弹力带向后的阻力静态对抗，保持身体稳定至规定时间。

弹力带静态跪姿抗侧屈训练

- 训练目的 -

强化躯干侧向肌群，增强抗侧屈能力。

- 注意事项 -

动作过程中保持身体朝向正前方，避免躯干侧倾。

- 训练步骤 -

身体呈跪姿（可在膝关节下方放置一个平衡垫），头部、躯干和大腿呈一条直线，双手叉腰。将弹力带的一端固定在身体左侧约与胸部同高处（或由辅助者握住），另一端从胸部下方绕过，使弹力带具有一定张力。身体与弹力带向左的阻力静态对抗，保持身体稳定至规定时间。然后，换另一侧进行该动作。

弹力带静态跪姿抗旋转训练

- 训练目的 -

强化核心肌群，增强抗旋转能力。

- 注意事项 -

动作过程中保持身体朝向正前方，避免躯干旋转。

- 训练步骤 -

身体呈跪姿（可在膝关节下方放置一个平衡垫），头部、躯干和大腿呈一条直线，双手叉腰。将弹力带的一端固定在身体正后方约与胸部同高处（或由辅助者握住），另一端套在右肩处（从右肩上方和下方斜向穿过，经体前绕至左侧腋下和腰部），使弹力带具有一定张力。身体与弹力带向左侧的旋转阻力静态对抗，保持身体稳定至规定时间。然后，换另一侧进行该动作。

弹力带动态训练

弹力带动态跪姿对角线斜上拉训练

1

2

– 训练目的 –

强化核心肌群，增强核心稳定性。

– 注意事项 –

缓慢、有控制地完成动作，同时保持身体朝向正前方，双臂伸直。

– 训练步骤 –

1 身体呈跪姿（可在膝关节下方放置一个平衡垫），头部、躯干和大腿呈一条直线。将弹力带的一端固定在身体左侧低处（或由辅助者握住），双臂伸直并用双手于左侧髋部前方握住弹力带的另一端，使弹力带具有一定张力。

2 保持身体稳定，双手沿对角线向右上方拉弹力带，直至双手位置超过头顶，保持 1~2 秒。恢复至起始姿势，重复规定次数后，换另一侧进行该动作。

核心稳定性训练 ▼ 弹力带动态训练

弹力带动态跪姿对角线斜下拉训练

– 训练目的 –

强化核心肌群，增强核心稳定性。

– 注意事项 –

缓慢、有控制地完成动作，同时保持身体朝向正前方，双臂伸直。

– 训练步骤 –

1 身体呈跪姿（可在膝关节下方放置一个平衡垫），头部、躯干和大腿呈一条直线。将弹力带的一端固定在身体左侧的高处（或由辅助者握住），双臂于头顶左上方伸直并用双手握住弹力带的另一端，使弹力带具有一定张力。

2 保持身体稳定，双手沿对角线向右下方拉弹力带，直至双手位于右侧髋部前方，保持 1~2 秒。恢复至起始姿势，重复规定次数后，换另一侧进行该动作。

弹力带动态跪姿水平拉训练

1

2

- 训练目的 -

强化核心肌群，增强核心稳定性。

- 注意事项 -

缓慢、有控制地完成动作，同时保持脊柱处于中立位，髋部朝向正前方，双臂伸直。

- 训练步骤 -

1 身体呈跪姿（可在膝关节下方放置一个平衡垫），头部、躯干和大腿呈一条直线。将弹力带的一端固定在身体左侧约与肩部同高处（或由辅助者握住），躯干向左侧扭转，双臂前平举并用双手于胸部正前方握住弹力带的另一端，使弹力带具有一定张力。

2 保持下肢稳定，躯干向右侧扭转，同时双手向右侧水平拉弹力带至最大限度，保持 1~2 秒。恢复至起始姿势，重复规定次数后，换另一侧进行该动作。

核心稳定性训练 ▼ 弹力带动态训练

弹力带动态站姿对角线斜上拉训练

1

2

3

- 训练目的 -

强化核心肌群，增强核心稳定性。

- 注意事项 -

动作过程中保持脊柱处于中立位，双臂伸直，下肢稳定。

- 训练步骤 -

1 双脚分开站立，距离与肩同宽。将弹力带的一端固定在身体左侧低处（或由辅助者握住），双臂伸直并用双手于髋部正前方握住弹力带的另一端，使弹力带具有一定张力。

2 保持下肢稳定，双臂及躯干向左侧扭转。

3 保持下肢稳定，躯干向右侧扭转，同时双手沿对角线向右上方拉弹力带，直至双手位置超过头顶，保持 1~2 秒。双手重复斜上拉弹力带至规定次数后，换另一侧进行该动作。

弹力带动态站姿对角线斜下拉训练

- 训练目的 -

强化核心肌群，增强核心稳定性。

- 注意事项 -

动作过程中保持脊柱处于中立位，双臂伸直，下肢稳定。

- 训练步骤 -

1. 双脚分开站立，距离与肩同宽。将弹力带的一端固定在身体左侧高处（或由辅助者握住），双臂伸直并用双手于髋部正前方握住弹力带的另一端，使弹力带具有一定张力。

2. 保持下肢稳定，躯干向左侧扭转，同时双臂伸直上举至头部左上方。

3. 保持下肢稳定，躯干向右侧扭转，同时双手沿对角线向右下方拉弹力带，直至双手位于右侧髋部，保持 1~2 秒。双手重复斜下拉弹力带至规定次数后，换另一侧进行该动作。

核心稳定性训练 ▼ 弹力带动态训练

弹力带动态站姿水平拉训练

1

2

– 训练目的 –

强化核心肌群，增强核心稳定性。

– 注意事项 –

缓慢、有控制地完成动作，同时保持脊柱处于中立位，双臂伸直，下肢稳定。

– 训练步骤 –

1 双脚分开站立，距离与肩同宽。将弹力带的一端固定在身体左侧约与肩部同高处（或由辅助者握住），躯干向左侧扭转，双臂前平举并用双手于胸部正前方握住弹力带的另一端，使弹力带具有一定张力。

2 保持身体稳定，躯干向右侧扭转，同时双手向右侧水平拉弹力带至最大限度，保持1~2秒。恢复至起始姿势，重复规定次数后，换另一侧进行该动作。

3.2.7 上肢功能力量训练

上肢功能力量训练是肩关节功能强化的最后一步，旨在将按照前文所述的六个步骤训练后获得的能力整合起来，使肩关节的功能进一步强大起来。在进行上肢功能力量训练前，训练者需确保自己已经具备正确的呼吸模式，良好的肩关节周围软组织功能，以及良好的肩胛胸廓关节稳定性、盂肱关节稳定性和核心稳定性。因为只有满足上述条件，训练者才能形成良好的上肢动作模式，并进一步通过增加训练负荷和次数，形成和强化具有功能性的上肢力量。

进行上肢功能力量训练时，要遵从功能训练的原则，从三个维度考虑动作练习难度的进阶：第一个维度是从身体姿势考虑，按照"仰卧姿势—俯卧姿势—四点支撑姿势—双腿对称跪姿—单腿跪姿—双脚对称站姿—双脚前后站姿—单腿站姿"的方式进阶；第二个维度是从负荷考虑，按照"无负荷—弹力带负荷—轻负荷（哑铃和实心球等）—重负荷（壶铃、战绳和杠铃等）"的方式进阶；第三个维度是从动作速度考虑，按照"慢速—中速—快速"的方式进阶（需要注意的是，动作速度的进阶需建立在确保动作质量的基础上）。以上三个维度相互交错、连接，形成递进式的训练矩阵，可帮助训练者渐进式提高上肢的功能力量。对于大多数训练者来说，训练时的动作速度不需要太快，将重点放在身体姿势和负荷两个维度上即可。

在进行上肢功能力量训练时，应以动作质量为核心，逐渐增加练习难度，同时关注向心收缩和离心收缩过程。需要注意的是，训练阶段和训练目的不同时，向心收缩和离心收缩的时间会有所变化（一般来说可按照 1:1 的比例）：如果强调向心快速力量，向心收缩时间可以相应缩短；如果强调离心控制力量，离心收缩时间可以相应增加。但不论是哪种情况，离心收缩的时间和过程都应该有所控制。

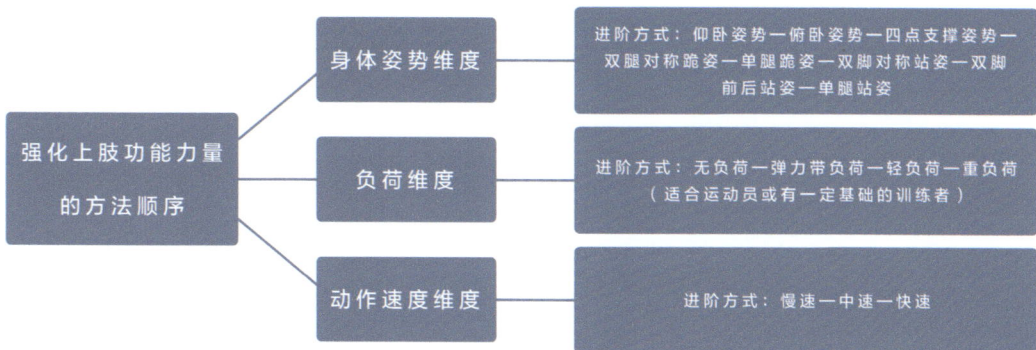

```
                        ┌─────────────────────────────────────┐
              ┌─────────┤  进阶方式：仰卧姿势—俯卧姿势—四点支撑姿势—  │
         身体姿势维度 ├──┤  双腿对称跪姿—单腿跪姿—双脚对称站姿—双脚     │
              └─────────┤         前后站姿—单腿站姿               │
                        └─────────────────────────────────────┘
强化上肢功能力量          ┌─────────────────────────────────────┐
 的方法顺序  ──── 负荷维度 ┤  进阶方式：无负荷—弹力带负荷—轻负荷—重负荷   │
                        │    （适合运动员或有一定基础的训练者）         │
                        └─────────────────────────────────────┘
                        ┌─────────────────────────────────────┐
        动作速度维度 ─────┤        进阶方式：慢速—中速—快速          │
                        └─────────────────────────────────────┘
```

/ **无器械训练**

俯卧撑训练

1

2

－ 训练目的 －

强化上肢和核心的力量。

－ 注意事项 －

动作过程中保持从头部
到脚踝呈一条直线，避
免拱背或塌腰。若无法
标准地完成动作，可退
阶进行跪姿俯卧撑训练
或上斜俯卧撑训练（即
将双手撑在椅子或跳箱
等物体上做俯卧撑）。

－ 训练步骤 －

1 身体呈俯撑姿势，双腿并拢伸直，双臂于肩关节
正下方伸直，双手和双脚脚尖撑地，从头部到脚
踝呈一条直线。

2 收紧腹部，屈肘，降低身体至胸部几乎碰到地面，
保持 1~2 秒。恢复至起始姿势，重复规定次数。

T形俯卧撑训练

1

2

3

4

– 训练目的 –

强化上肢和核心的力量。

– 注意事项 –

动作过程中保持从头部到脚踝呈一条直线，避免拱背或塌腰。

– 训练步骤 –

1 身体呈俯撑姿势，双腿并拢伸直，双臂于肩关节正下方伸直，双手和双脚脚尖撑地，从头部到脚踝呈一条直线。

2 收紧腹部，屈肘，降低身体至胸部几乎碰到地面，保持1~2秒。

3 双臂伸直上推，恢复至起始姿势。

4 左臂向左上方打开，同时躯干向左旋转，至双臂呈一条直线，保持1~2秒。恢复至起始姿势，重复规定次数后，换另一侧进行该动作。

俯冲式俯卧撑训练

1

2

3

– 训练目的 –

强化上肢和核心的力量。

– 注意事项 –

动作过程中保持身体稳定、双腿
伸直，避免耸肩。

– 训练步骤 –

1. 身体呈四点支撑姿势，双手
   与双脚脚尖撑地，双臂、双
   腿伸直且间距大于肩宽，髋
   部屈曲，整个身体呈倒 V 形。

2. 双臂慢慢屈肘，同时躯干开
3. 始慢慢向前、向下伸展，至
   躯干与下肢呈一条直线（与
   地面平行）。然后，双臂慢
   慢伸直，同时躯干开始慢慢
   上抬至最大限度，且双腿始
   终保持与地面平行。最后倒
   序完成上述动作，恢复至起
   始姿势。重复规定次数。

半倒立俯卧撑训练

1

2

- 训练目的 -

强化上肢和核心的力量。

- 注意事项 -

动作过程中保持身体
稳定、双腿伸直，避
免耸肩。

- 训练步骤 -

1 身体呈四点支撑姿势，双手与双脚脚尖撑
地，双臂、双腿伸直且间距大于肩宽，髋
部屈曲，整个身体呈倒 V 形。

2 收紧腹部，屈肘，降低身体至头部几乎碰
到地面，保持 1~2 秒。恢复至起始姿势，
重复规定次数。

爬行式俯卧撑训练

1

2

3

– 训练目的 –

强化上肢力量，提升躯干稳定性。

– 注意事项 –

动作过程中保持躯干平直，俯卧撑动作与抬腿动作同步。

– 训练步骤 –

1 身体呈俯撑姿势，双臂于肩关节正下方伸直，双脚分开与肩同宽且脚尖撑地，从头部到脚踝呈一条直线。

2 收紧腹部，屈肘，降低身体至胸部几乎碰到地面，同时右腿屈膝上抬至同侧肘关节后侧，保持 1~2 秒。

3 恢复至起始姿势。然后收紧腹部，屈肘，降低身体至胸部几乎碰到地面，同时右腿屈膝上抬至同侧肘关节后侧，保持 1~2 秒。恢复至起始姿势，重复规定次数。

不稳定俯卧撑训练

1

2

- 训练目的 -

强化上肢和核心的力量。

- 注意事项 -

动作过程中保持从
头部到脚踝呈一条
直线，避免拱背或
塌腰。

- 训练步骤 -

1 身体呈俯撑姿势，左臂于肩关节正下方伸
直且左手撑地，右臂微微屈肘且右手撑在
位于肩关节正下方的一只药球上，双脚分
开与肩同宽且脚尖撑地，从头部到脚踝呈
一条直线。

2 收紧腹部，屈肘，降低身体至胸部几乎碰
到药球，保持 1~2 秒。恢复至起始姿势，
重复规定次数后，换另一侧进行该动作。

弹力带训练

弹力带水平夹臂后拉训练

1

2

- 训练目的 -

强化上肢的力量。

- 注意事项 -

动作过程中保持双臂夹紧身体，避免耸肩。

- 训练步骤 -

1 双脚分开站立，距离小于肩宽。将弹力带中段固定在身体正前方约与肩部同高处，双臂前平举，双手掌心相对且分别握住弹力带的两端，保持弹力带具有一定张力。

2 保持躯干及下肢稳定不动，双臂向后屈肘并水平拉动弹力带至最大限度，保持 1~2 秒。恢复至起始姿势，重复规定次数。

弹力带水平展臂后拉训练

– 其他角度 –

– 训练目的 –

强化上肢的力量。

– 注意事项 –

动作过程中保持躯干挺直，双臂平行于地面，避免耸肩。

– 训练步骤 –

1. 双脚分开站立，距离小于肩宽。将弹力带中段固定在身体正前方约与肩部同高处，双臂前平举，双手掌心向下且分别握住弹力带的两端，保持弹力带具有一定张力。

2. 保持躯干及下肢稳定不动，双臂向外屈肘并水平拉动弹力带至最大限度，保持 1~2 秒。恢复至起始姿势，重复规定次数。

弹力带双臂前推训练

1

2

- 训练目的 -

强化上肢的力量。

- 注意事项 -

缓慢、有控制地完成动作。

- 训练步骤 -

1 双脚一前一后站立，双膝微屈。将弹力带的中段固定在身体正后方约与肩部同高处，双臂水平向后屈肘，双手掌心向下且分别握住弹力带的两端，使弹力带具有一定张力。

2 保持躯干及下肢姿势不变，双手水平向前推弹力带至双臂完全伸直，保持 1~2 秒。恢复至起始姿势，重复规定次数。

弹力带单臂前推训练

1

2

- 训练目的 -

强化上肢的力量。

- 注意事项 -

缓慢、有控制地完成动作。

- 训练步骤 -

1 双脚一前一后站立，双膝微屈，右臂置于体侧。将弹力带的一端固定在身体正后方约与肩部同高处，左臂水平向后屈肘，左手掌心向下且握住弹力带的另一端，使弹力带具有一定张力。

2 保持躯干及下肢姿势不变，左手水平向前推弹力带至左臂完全伸直，保持1~2秒。恢复至起始姿势，重复规定次数后，换另一侧进行该动作。

哑铃训练

哑铃卧推训练

1

2

- 训练目的 -

强化上肢的力量。

- 注意事项 -

动作过程中保持身体稳定，核心收紧。

- 训练步骤 -

1 身体呈仰卧姿势，双臂向上屈肘至上臂与肩关节呈一条直线，前臂垂直于地面，双手掌心向前且分别抓握一只哑铃。

2 保持躯干及下肢姿势不变，双手向上推举哑铃至双臂完全伸直，保持 1~2 秒。恢复至起始姿势，重复规定次数。

哑铃飞鸟训练

1

– 其他角度 –

2

– 训练目的 –

强化上肢的力量。

– 注意事项 –

动作过程中保持身体稳定，核心收紧。

– 训练步骤 –

1 双脚分开站立，距离与肩同宽，双膝微屈，躯干略微前倾，双臂于身体两侧屈肘，双手掌心相对且分别抓握一只哑铃。

2 保持下肢和躯干姿势不变，双臂向两侧打开至与躯干在同一平面上，保持1~2秒。恢复至起始姿势，重复规定次数。

哑铃推举训练

1

2

– 其他角度 –

– 训练目的 –

强化上肢的力量。

– 注意事项 –

动作过程中保持身体稳定，核心收紧。

– 训练步骤 –

1 双脚分开站立，距离小于肩宽。双臂屈肘 90 度上抬至上臂与肩关节呈一条直线，前臂垂直于地面，双手掌心向前且分别抓握一只哑铃。

2 保持下肢和躯干姿势不变，双手向上推举哑铃至双臂完全伸直，保持 1~2 秒。恢复至起始姿势，重复规定次数。

哑铃双臂划船训练

1　　　　**2**

– 其他角度 –

– 训练目的 –

强化上肢的力量。

– 注意事项 –

动作过程中保持身体稳定，核心收紧。

– 训练步骤 –

1　双脚分开站立，距离与肩同宽，双膝微屈，躯干前倾，双臂竖直向下伸直，双手掌心相对且分别抓握一只哑铃。

2　保持躯干及下肢姿势不变，双臂屈肘向上提拉哑铃至躯干两侧，保持 1~2 秒。恢复至起始姿势，重复规定次数。

上肢功能力量训练 ▼ 哑铃训练

哑铃单臂划船训练

1　**2**

－ 其他角度 －

－ 训练目的 －

强化上肢的力量。

－ 注意事项 －

动作过程中保持身体稳定，核心收紧。

－ 训练步骤 －

1　双脚分开站立，左腿屈膝在前，右腿伸直在后，躯干前倾至与右腿呈一条直线，左手叉腰，右臂竖直向下伸直，右手掌心向左且抓握一只哑铃。

2　保持左臂、躯干和下肢姿势不变，右臂屈肘向上提拉哑铃至躯干右侧，保持 1~2 秒。恢复至起始姿势，重复规定次数后，换另一侧进行该动作。

哑铃俯卧撑划船训练

1

2

3

4

– 训练目的 –

强化上肢、肩部、核心及胸大肌的力量。

– 注意事项 –

动作过程中保持从头部到脚踝呈一条直线，手臂向上屈肘时夹紧身体。

– 训练步骤 –

1 身体呈俯撑姿势，双臂于肩关节正下方伸直，双手分别抓握一只哑铃，双脚分开与肩同宽且脚尖撑地，从头部到脚踝呈一条直线。

2 收紧腹部，屈肘，降低身体至胸部几乎碰到地面。

3 双臂伸直上推，恢复至起始姿势。

4 保持左臂、躯干和双腿姿势不变，右臂屈肘向上提拉哑铃至躯干右侧，保持 1~2 秒。恢复至起始姿势，重复规定次数后，换另一侧进行该动作。

壶铃训练

壶铃单臂上举训练

1

2

– 其他角度 –

– 训练目的 –

强化上肢的力量。

– 注意事项 –

动作过程中保持躯干挺直，避免耸肩。

– 训练步骤 –

1 双脚分开站立，距离小于肩宽，右臂向上屈肘，右手抓握壶铃并将其置于肩部，左手叉腰。

2 右手上举壶铃至右臂完全伸直且贴近头部，保持1~2秒。恢复至起始姿势，重复规定的次数后，换另一侧进行该动作。

壶铃爆发力推举训练

1

2

3

- 训练目的 -

强化上肢的力量。

- 注意事项 -

快速完成动作并保持躯干挺直，避免耸肩。

- 训练步骤 -

1 双脚分开站立，距离比肩宽，右臂向上屈肘，右手抓握壶铃并将其置于肩部，左臂自然置于体侧。

2 屈髋、屈膝下蹲，躯干前倾。

3 伸髋、伸膝，身体恢复直立，同时右手爆发式上举壶铃至右臂完全伸直且贴近头部，保持1~2秒。恢复至起始姿势，重复规定次数后，换另一侧进行该动作。

上肢功能力量训练 ▼ 壶铃训练

土耳其举训练

1

2

3

- 训练目的 -

强化上肢的力量。

- 注意事项 -

动作过程中保持双眼
看向壶铃，举壶铃侧
手臂伸直，同时注意
发力顺序。

- 训练步骤 -

1 身体呈仰卧姿势，左腿伸直，右腿屈曲，左臂于
体侧伸直，右臂竖直向上伸直，右手掌心向前抓
握一只壶铃（底部朝下），双眼看向壶铃。

2 左臂屈肘支撑，同时躯干向上抬起，至右臂、肩
关节与左臂上臂呈一条直线，保持 1~2 秒。

3 左臂完全伸直，左手撑地，同时躯干向上抬起，
至双臂与肩关节呈一条直线，保持 1~2 秒。

– 训练步骤 –

4 躯干继续向上抬起，同时左腿后撤跪于左臂正后方，右腿屈髋、屈膝 90 度，保持 1~2 秒。

5 躯干右转上抬至垂直于地面，同时左腿内旋，至整个身体朝向正前方，保持 1~2 秒。

6 左脚蹬地站起，至整个身体呈一条直线，保持 1~2 秒。然后倒序完成上述动作，恢复至起始姿势。重复规定次数后，换另一侧进行该动作。

上肢功能力量训练　▼　壶铃训练

战绳训练

战绳跪姿双臂甩动训练

1

2

3

– 训练目的 –

强化上肢的力量。

– 注意事项 –

动作过程中保持背部挺直，避免耸肩或髋部旋转。

– 训练步骤 –

1　双腿分开跪于平衡垫上。头部、躯干和大腿呈一条直线，双手于体前分别抓握战绳的两端。

2　双手向上甩举战绳至最大高度。

3　双手迅速下砸战绳。重复甩举、下砸战绳至规定的次数。

– 变式动作 –

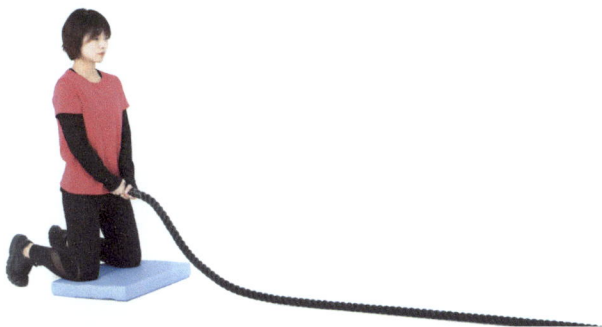

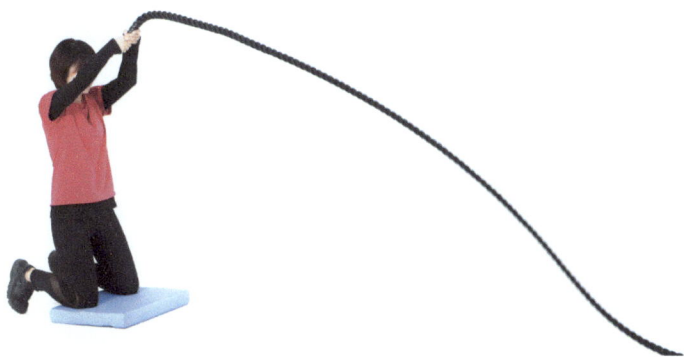

通过双手抓握单根战绳的一端降低动作难度。

战绳跪姿单臂甩动训练

1

2

3

－ 训练目的 －

强化上肢的力量。

－ 注意事项 －

动作过程中保持背部挺直，避免耸肩或髋部旋转。

－ 训练步骤 －

1 双腿分开跪于平衡垫上，头部、躯干和大腿呈一条直线，左臂置于体侧，右手于体前抓握战绳的一端。

2 右手向上甩举战绳至最大高度。

3 右手迅速下砸战绳。重复甩举、下砸战绳至规定的次数后，换另一侧进行该动作。

战绳跪姿双臂交替甩动训练

1

2

3

－ 训练目的 －

强化上肢的力量。

－ 注意事项 －

动作过程中保持背部挺直，避免耸肩或髋部旋转。

－ 训练步骤 －

1 双腿分开跪于平衡垫上，头部、躯干和大腿呈一条直线，双手于体前分别抓握战绳两端。

2 右手向上甩举战绳至最大高度。

3 右手迅速下砸战绳，同时左手向上甩举战绳至最大高度。双臂交替甩举、下砸战绳至规定的次数。

战绳站姿双臂甩动训练

1

2

3

– 训练目的 –

强化上肢的力量。

– 注意事项 –

动作过程中保持背部挺直，避免耸肩或髋部旋转。

– 训练步骤 –

1 双脚分开站立，双手于体前抓握战绳的一端。

2 屈髋、屈膝下蹲，躯干微微前倾，双手向上甩举战绳至最大高度。

3 保持躯干及下肢姿势不变，双手迅速下砸战绳。重复甩举、下砸战绳至规定的次数。

– 变式动作 –

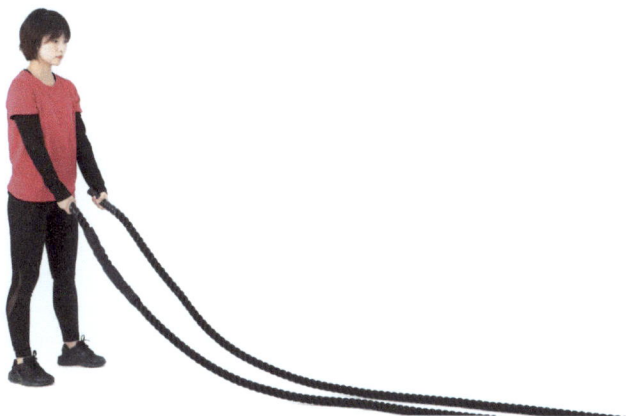

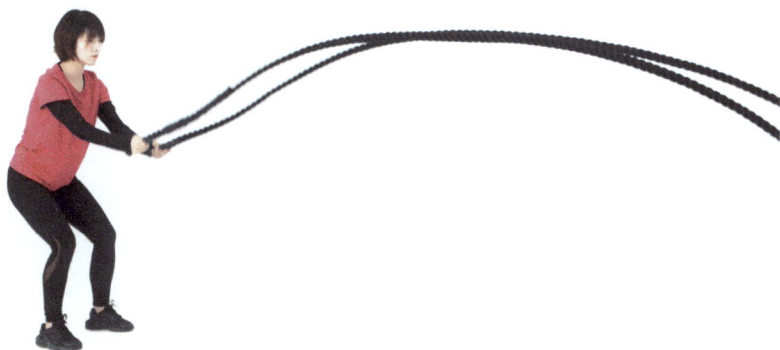

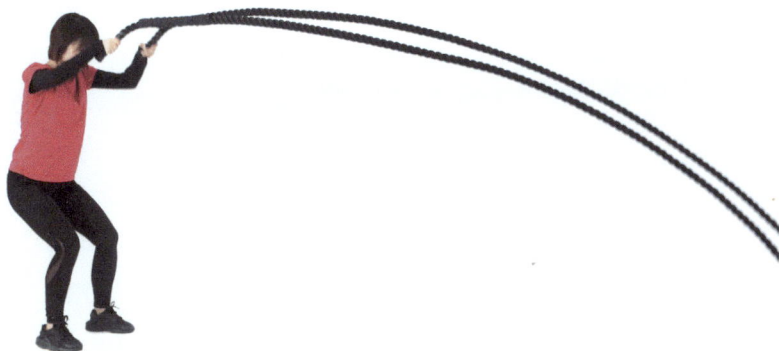

通过双手分别抓握战绳的两端增加动作难度。

战绳站姿单臂甩动训练

– 训练目的 –

强化上肢的力量。

– 注意事项 –

动作过程中保持背部挺直，避免耸肩或髋部旋转。

– 训练步骤 –

1　双脚分开站立，左臂自然置于体侧，右手于体前抓握战绳的一端。

2　屈髋、屈膝下蹲，躯干微微前倾，右手向上甩举战绳至最大高度。

3　保持躯干及下肢姿势不变，右手迅速下砸战绳。重复甩举、下砸战绳至规定的次数后，换另一侧进行该动作。

战绳站姿双臂交替甩动训练

1

2

3

– 训练目的 –

强化上肢的力量。

– 注意事项 –

动作过程中保持背部挺直，避免耸肩或髋部旋转。

– 训练步骤 –

1　双脚分开站立，双手于体前分别抓握战绳的两端。

2　屈髋、屈膝下蹲，躯干微微前倾，右手向上甩举战绳至最大高度。

3　保持躯干及下肢姿势不变，右手迅速下砸战绳，同时左手向上甩举战绳至最大高度。双臂交替甩举、下砸战绳至规定的次数。

上肢功能力量训练 ▼ 战绳训练

第 四 章

肩关节功能强化
训练方案

　　根据相关报道，肩关节疼痛在美国普通人群中的发生率已上升至21%，而其中超过40%的人的疼痛时间持续超过1年。此外，相关研究显示：长期进行重复性过顶运动（例如自由泳、仰泳和网球等）的人更容易出现肩关节疼痛；女性相对男性更容易发生肩关节疼痛；普通人的肩关节损伤风险将随着年龄的增长不断增大，并在50岁左右达到高峰。相关疼痛和损伤的后续不良影响进一步说明了强化肩关节功能的必要性。

　　因此，除了前文介绍的肩关节功能强化训练策略、步骤与动作练习，本章还提供了针对常见的肩关节功能障碍及损伤、肩部问题高发人群及高发运动的训练方案，以帮助训练者更好地训练。值得注意的是，本章中的训练方案均分为基础方案和进阶方案，当训练者能够在保障动作质量的前提下轻松完成基础方案的训练时，即可进行进阶方案的训练；相反地，若训练者感到完成进阶方案的训练较为吃力或已无法保障动作质量时，应退阶进行基础方案的训练。

4.1 针对肩关节功能障碍的纠正训练方案

如前文所述，肩关节是人体活动度最大的关节，可以支持人类进行各类运动。此外，肩关节需要具备足够的稳定性，以防止发生损伤。因此，当肩关节出现灵活性（可根据第二章中介绍的肩关节灵活性筛查方法和活动度筛查方法判断是否存在灵活性问题）或稳定性不足的情况时，必须进行针对性纠正训练。

4.1.1 肩关节灵活性不足的纠正训练方案

基础方案

1 俯卧呼吸训练（鳄鱼式呼吸）
10~15 次 / 组，2~3 组，间歇 30 秒
第 43 页

2 泡沫轴滚压肩关节后侧训练
每侧 30~60 秒 / 组，1~2 组，无间歇
第 47 页

3 泡沫轴滚压肩关节前侧训练
每侧 30~60 秒 / 组，1~2 组，无间歇
第 48 页

4 泡沫轴滚压肱三头肌训练
每侧 30~60 秒 / 组，1~2 组，无间歇
第 49 页

5 泡沫轴滚压肱二头肌训练
每侧 30~60 秒 / 组，1~2 组，无间歇
第 50 页

6 泡沫轴滚压胸椎周围软组织训练
30~60 秒 / 组，1~2 组，无间歇
第 67 页

7 胸肌拉伸训练
20~30 秒 / 组，1~2 组，间歇 30 秒
第 56 页

8 背阔肌拉伸训练
每侧 20~30 秒 / 组，1~2 组，间歇 30 秒
第 57 页

9 猫式伸展训练
8~10 次 / 组，2~3 组，间歇 30 秒
第 68 页

10 翻书训练
每侧 8~10 次 / 组，2~3 组，间歇 30 秒
第 70 页

进阶方案

1 90-90 式呼吸训练
10~15 次 / 组，2~3 组，间歇 30 秒
第 45 页

2 筋膜球按压胸小肌扳机点训练 1
每侧 30~60 秒 / 组，1~2 组，无间歇
第 51 页

3 筋膜球按压胸小肌扳机点训练 2
每侧 30~60 秒 / 组，1~2 组，无间歇
第 52 页

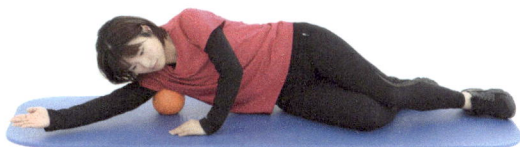

4 筋膜球按压背阔肌扳机点训练
每侧 30~60 秒 / 组，1~2 组，无间歇
第 53 页

5 筋膜球按压肩胛骨内侧扳机点训练
每侧 30~60 秒 / 组，1~2 组，无间歇
第 54 页

6 斜方肌拉伸训练
每侧 20~30 秒 / 组，1~2 组，间歇 30 秒
第 59 页

7 超级训练带拉伸肩部绕环训练
每侧 8~10 次 / 组，1~2 组，间歇 30 秒
第 64 页

8 超级训练带拉伸肩部后缩训练
每侧 8~10 次 / 组，1~2 组，间歇 30 秒
第 65 页

9 抓肋式胸椎旋转训练
每侧 8~10 次 / 组，2~3 组，间歇 30 秒
第 71 页

10 卧姿麻花拉伸训练
每侧 8~10 次 / 组，2~3 组，间歇 30 秒
第 76 页

4.1.2 肩胛胸廓关节稳定性不足的纠正训练方案

基础方案

1 俯卧呼吸训练（鳄鱼式呼吸）
10~15 次 / 组，2~3 组，间歇 30 秒
第 43 页

2 俯卧 T 字训练
8~10 次 / 组，2~3 组，间歇 30 秒
第 88 页

3 俯卧 Y 字训练
8~10 次 / 组，2~3 组，间歇 30 秒
第 89 页

4 俯卧 W 字训练
8~10 次 / 组，2~3 组，间歇 30 秒
第 90 页

5
肩胛骨俯卧撑训练
8~10 次 / 组，2~3 组，间歇 30 秒
第 94 页

6
弹力带水平外展训练
8~10 次 / 组，2~3 组，间歇 30 秒
第 95 页

7
弹力带 45 度斜向外展训练
每侧 8~10 次 / 组，2~3 组，间歇 30 秒
第 96 页

8
弹力带抗阻 W 字下拉训练
8~10 次 / 组，2~3 组，间歇 30 秒
第 97 页

进阶方案

1 90-90 式呼吸训练
10~15 次 / 组，2~3 组，间歇 30 秒
第 45 页

2 站姿俯身 T 字训练
8~10 次 / 组，2~3 组，间歇 30 秒
第 91 页

3 站姿俯身 Y 字训练
8~10 次 / 组，2~3 组，间歇 30 秒
第 92 页

4 站姿俯身 W 字训练
8~10 次 / 组，2~3 组，间歇 30 秒
第 93 页

5　弹力带肩胛骨后缩训练
8~10 次 / 组，2~3 组，间歇 30 秒
第 100 页

6　弹力带抗阻 Y 字训练
8~10 次 / 组，2~3 组，间歇 30 秒
第 98 页

7　弹力带四点跪姿后顶瑞士球抬臂训练
每侧 8~10 次 / 组，2~3 组，间歇 30 秒
第 101 页

8　弹力带肩胛骨后缩双臂上举训练
8~10 次 / 组，2~3 组，间歇 30 秒
第 102 页

4.1.3 盂肱关节稳定性不足的纠正训练方案

基础方案

1 单臂支撑训练
每侧 30~60 秒 / 组，2~3 组，间歇 30 秒
第 105 页

2 仰卧抗阻多方位扰动训练
每侧 30~60 秒 / 组，2~3 组，间歇 30 秒
第 104 页

3 上臂水平位肩外旋训练
每侧 8~10 次 / 组，2~3 组，间歇 30 秒
第 107 页

4 弹力带抗阻夹臂单侧肩外旋训练
每侧 8~10 次 / 组，2~3 组，间歇 30 秒
第 108 页

6 跪姿壶铃绕颈训练
8~10 次 / 组，2~3 组，间歇 30 秒
第 115 页

5 弹力带迎面后拉训练
8~10 次 / 组，2~3 组，间歇 30 秒
第 111 页

7 仰卧持壶铃转动训练
每侧 8~10 次 / 组，2~3 组，间歇 30 秒
第 113 页

8 双手提壶铃行走训练
30~60 秒 / 组，2~3 组，间歇 30 秒
第 117 页

进阶方案

1 T形俯卧撑旋转训练
每侧 8~10 次 / 组，2~3 组，间歇 30 秒
第 106 页

2 弹力带抗阻上臂水平位肩外旋训练
每侧 8~10 次 / 组，2~3 组，间歇 30 秒
第 109 页

3 弹力带水平 45 度肩上抬训练
每侧 8~10 次 / 组，2~3 组，间歇 30 秒
第 110 页

4 仰卧举壶铃屈髋训练
每侧 8~10 次 / 组，2~3 组，间歇 30 秒
第 114 页

5
半土耳其举训练
每侧 4~6 次 / 组，2~3 组，间歇 30 秒
第 120 页

6
单腿跪姿单臂举壶铃躯干旋转训练
每侧 8~10 次 / 组，2~3 组，间歇 30 秒
第 119 页

7
单手举壶铃行走训练
每侧 30~60 秒 / 组，2~3 组，间歇 30 秒
第 118 页

8
反握壶铃上举训练
每侧 4~6 次 / 组，2~3 组，间歇 30 秒
第 116 页

4.2 针对肩关节常见损伤的功能强化训练方案

如 2.1 所述，肩关节撞击综合征、粘连性肩关节囊炎和肩袖损伤是最常见的肩关节损伤。对于训练者来说，了解上述损伤的产生机制及原因，并提前进行肩关节功能强化训练可有效避免其发生。但若训练者已经受困于上述损伤且疼痛等级较低，也可通过肩关节功能强化训练缓解疼痛和促进康复。需要注意的是，训练者的肩部如存在肿胀、明显的疼痛以及其他强烈不适情况时，应首先进行医学检查和治疗，再根据医嘱判断能否进行训练。

4.2.1 针对肩关节撞击综合征的功能强化训练方案

基础方案

1 仰卧呼吸训练（仰卧腹式呼吸）
10~15 次 / 组，2~3 组，间歇 30 秒
第 44 页

2 泡沫轴滚压肩关节前侧训练
每侧 30~60 秒 / 组，1~2 组，无间歇
第 48 页

3 泡沫轴滚压胸椎周围软组织训练
30~60 秒 / 组，1~2 组，无间歇
第 67 页

4 胸肌拉伸训练
20~30 秒 / 组，1~2 组，间歇 30 秒
第 56 页

5 背阔肌拉伸训练
每侧 20~30 秒 / 组，1~2 组，间歇 30 秒
第 57 页

6　猫式伸展训练
8~10 次 / 组，2~3 组，间歇 30 秒
第 68 页

7　翻书训练
每侧 8~10 次 / 组，2~3 组，间歇 30 秒
第 70 页

8　站姿俯身 T 字训练
8~10 次 / 组，2~3 组，间歇 30 秒
第 91 页

9　仰卧抗阻多方位扰动训练
每侧 20~30 秒 / 组，2~3 组，间歇 30 秒
第 104 页

10　弹力带水平展臂后拉训练
8~10 次 / 组，2~3 组，间歇 30 秒
第 153 页

进阶方案

1 俯卧呼吸训练（鳄鱼式呼吸）
10~15 次 / 组，2~3 组，间歇 30 秒
第 43 页

2 筋膜球按压胸小肌扳机点训练 1
每侧 30~60 秒 / 组，1~2 组，无间歇
第 51 页

3 筋膜球按压背阔肌扳机点训练
每侧 30~60 秒 / 组，1~2 组，无间歇
第 53 页

4 肱二头肌拉伸训练
20~30 秒 / 组，1~2 组，间歇 30 秒
第 63 页

5 三角式伸展训练
8~10 次 / 组，1~2 组，间歇 30 秒
第 69 页

6 坐姿胸椎旋转训练
每侧 8~10 次 / 组，2~3 组，间歇 30 秒
第 72 页

7 弹力带抗阻 W 字下拉训练
8~10 次 / 组，2~3 组，间歇 60 秒
第 97 页

8 单手举壶铃行走训练
每侧 30~60 秒 / 组，2~3 组，间歇 60 秒
第 118 页

9 动态四点支撑肢体伸展训练
每侧 8~10 次 / 组，2~3 组，间歇 60 秒
第 134 页

10 弹力带水平展臂后拉训练
8~10 次 / 组，2~3 组，间歇 30 秒
第 153 页

4.2.2 针对粘连性肩关节囊炎的功能强化训练方案

基础方案

1 仰卧呼吸训练（仰卧腹式呼吸）
10~15 次 / 组，2~3 组，间歇 30 秒
第 44 页

2 泡沫轴滚压肩关节前侧训练
每侧 30~60 秒 / 组，1~2 组，无间歇
第 48 页

3 泡沫轴滚压肩关节后侧训练
每侧 30~60 秒 / 组，1~2 组，无间歇
第 47 页

4 筋膜球按压胸小肌扳机点训练 1
每侧 30~60 秒 / 组，1~2 组，无间歇
第 51 页

5 筋膜球按压背阔肌扳机点训练
每侧 30~60 秒 / 组，1~2 组，无间歇
第 53 页

6 胸肌拉伸训练
20~30 秒 / 组，1~2 组，间歇 30 秒
第 56 页

7 背阔肌拉伸训练
每侧 20~30 秒 / 组，1~2 组，间歇 30 秒
第 57 页

8 猫式伸展训练
8~10 次 / 组，2~3 组，间歇 30 秒
第 68 页

9 翻书训练
每侧 8~10 次 / 组，2~3 组，间歇 60 秒
第 70 页

10 肩胛骨俯卧撑训练
8~10 次 / 组，2~3 组，间歇 30 秒
第 94 页

进阶方案

1 90-90 式呼吸训练
10~15 次 / 组，2~3 组，间歇 30 秒
第 45 页

2 筋膜球按压胸小肌扳机点训练 2
每侧 30~60 秒 / 组，1~2 组，无间歇
第 52 页

3 筋膜球按压背阔肌扳机点训练
每侧 30~60 秒 / 组，1~2 组，无间歇
第 53 页

4 筋膜球按压肩袖扳机点训练
每侧 30~60 秒 / 组，1~2 组，无间歇
第 55 页

5 超级训练带拉伸肩部绕环训练
每侧 8~10 次 / 组，1~2 组，间歇 30 秒
第 64 页

6 超级训练带拉伸肩部后缩训练
每侧 8~10 次 / 组，1~2 组，间歇 30 秒
第 65 页

7 四点跪姿腰椎锁定胸椎旋转训练
每侧 8~10 次 / 组，1~2 组，间歇 30 秒
第 75 页

8 站姿俯身 T 字训练
8~10 次 / 组，2~3 组，间歇 60 秒
第 91 页

9 上臂水平位肩外旋训练
每侧 8~10 次 / 组，2~3 组，间歇 60 秒
第 107 页

4.2.3 针对肩袖损伤的功能强化训练方案

基础方案

1 仰卧呼吸训练（仰卧腹式呼吸）
10~15 次 / 组，2~3 组，间歇 30 秒
第 44 页

2 泡沫轴滚压肩关节前侧训练
每侧 30~60 秒 / 组，1~2 组，无间歇
第 48 页

3 泡沫轴滚压肩关节后侧训练
每侧 30~60 秒 / 组，1~2 组，无间歇
第 47 页

4 胸肌拉伸训练
20~30 秒 / 组，1~2 组，间歇 30 秒
第 56 页

5 背阔肌拉伸训练
每侧 20~30 秒 / 组，1~2 组，间歇 30 秒
第 57 页

6 猫式伸展训练
8~10 次 / 组，2~3 组，间歇 30 秒
第 68 页

7　四点跪姿胸椎旋转训练
每侧 8~10 次 / 组，2~3 组，间歇 30 秒
第 73 页

8　俯卧 Y 字训练
8~10 次 / 组，2~3 组，间歇 30 秒
第 89 页

9　动态四点支撑肢体伸展训练
每侧 8~10 次 / 组，2~3 组，间歇 60 秒
第 134 页

10　上臂水平位肩外旋训练
每侧 8~10 次 / 组，2~3 组，间歇 60 秒
第 107 页

进阶方案

1 俯卧呼吸训练（鳄鱼式呼吸）
10~15 次 / 组，2~3 组，间歇 30 秒
第 43 页

2 筋膜球按压胸小肌扳机点训练 2
每侧 30~60 秒 / 组，1~2 组，无间歇
第 52 页

3 筋膜球按压背阔肌扳机点训练
每侧 30~60 秒 / 组，1~2 组，无间歇
第 53 页

4 筋膜球按压肩袖扳机点训练
每侧 30~60 秒 / 组，1~2 组，无间歇
第 55 页

5 超级训练带拉伸肩部绕环训练
每侧 8~10 次 / 组，1~2 组，间歇 30 秒
第 64 页

6 抗阻对角线胸椎旋转训练
每侧 8~10 次 / 组，1~2 组，间歇 30 秒
第 81 页

7 弹力带 45 度斜向外展训练
每侧 8~10 次 / 组，2~3 组，间歇 60 秒
第 96 页

8 弹力带抗阻夹臂双侧肩外旋训练
8~10 次 / 组，2~3 组，间歇 60 秒
第 112 页

9 弹力带迎面后拉训练
8~10 次 / 组，2~3 组，间歇 60 秒
第 111 页

10 哑铃推举训练
8~10 次 / 组，2~3 组，间歇 60 秒
第 158 页

4.3 针对不同人群的肩关节功能强化训练方案

随着年龄的增长，人们的身体成分会发生显著的变化，可能导致发生运动功能障碍和损伤。对于老年人来说，变得脆弱的骨骼，弹性、质量和力量有所降低的肌肉，进一步增大了肩关节功能退化和发生损伤的概率。此外，久坐不动、体力活动下降、动作模式错误和过度使用也是造成肩关节功能障碍、慢性疼痛和损伤的重要原因。因此，本节提供了针对老年人、久坐人群和健身人群的肩关节功能强化训练方案。值得注意的是，在训练过程中，动作质量应始终被放在首位。

4.3.1 针对老年人的肩关节功能强化训练方案

基础方案

1 仰卧呼吸训练（仰卧腹式呼吸）
10~15 次 / 组，2~3 组，间歇 30 秒
第 44 页

2 胸肌拉伸训练
20~30 秒 / 组，1~2 组，间歇 30 秒
第 56 页

3 背阔肌拉伸训练
每侧 20~30 秒 / 组，1~2 组，间歇 30 秒
第 57 页

4 斜方肌拉伸训练
每侧 20~30 秒 / 组，1~2 组，间歇 30 秒
第 59 页

5 猫式伸展训练
8~10 次 / 组，2~3 组，间歇 30 秒
第 68 页

6 翻书训练
每侧 8~10 次 / 组，2~3 组，间歇 60 秒
第 70 页

7 站姿俯身 T 字训练
8~10 次 / 组，2~3 组，间歇 30 秒
第 91 页

8 上臂水平位肩外旋训练
每侧 8~10 次 / 组，2~3 组，间歇 30 秒
第 107 页

进阶方案

1 俯卧呼吸训练（鳄鱼式呼吸）
10~15 次 / 组，2~3 组，间歇 30 秒
第 43 页

2 泡沫轴滚压肩关节后侧训练
每侧 30~60 秒 / 组，1~2 组，无间歇
第 47 页

3 泡沫轴滚压肩关节前侧训练
每侧 30~60 秒 / 组，1~2 组，无间歇
第 48 页

4 三角肌拉伸训练
每侧 20~30 秒 / 组，1~2 组，无间歇
第 58 页

5 斜方肌拉伸训练
每侧 20~30 秒 / 组，1~2 组，间歇 30 秒
第 59 页

6 坐姿胸椎旋转训练
每侧 8~10 次 / 组，2~3 组，间歇 30 秒
第 72 页

7 俯卧 Y 字训练
8~10 次 / 组，2~3 组，间歇 60 秒
第 89 页

8 静态平板支撑训练
15~60 秒 / 组，2~3 组，间歇 60 秒
第 123 页

4.3.2 针对久坐人群的肩关节功能强化训练方案

基础方案

1 仰卧呼吸训练（仰卧腹式呼吸）
10~15 次 / 组，2~3 组，间歇 30 秒
第 44 页

2 泡沫轴滚压肩关节后侧训练
每侧 30~60 秒 / 组，1~2 组，无间歇
第 47 页

3 泡沫轴滚压肩关节前侧训练
每侧 30~60 秒 / 组，1~2 组，无间歇
第 48 页

4 胸肌拉伸训练
20~30 秒 / 组，1~2 组，间歇 30 秒
第 56 页

5 背阔肌拉伸训练
每侧 20~30 秒 / 组，1~2 组，间歇 30 秒
第 57 页

6 翻书训练
每侧 8~10 次 / 组，2~3 组，间歇 30 秒
第 70 页

7 静态平板支撑训练
15~60 秒 / 组，2~3 组，间歇 60 秒
第 123 页

8 站姿俯身 W 字训练
8~10 次 / 组，2~3 组，间歇 60 秒
第 93 页

9 动态仰卧肢体伸展训练
每侧 8~10 次 / 组，2~3 组，间歇 60 秒
第 132 页

10 俯卧撑训练
6~12 次 / 组，2~3 组，间歇 60 秒
第 146 页

进阶方案

1 俯卧呼吸训练（鳄鱼式呼吸）
10~15 次 / 组，2~3 组，间歇 30 秒
第 43 页

2 筋膜球按压胸小肌扳机点训练 1
每侧 30~60 秒 / 组，1~2 组，无间歇
第 51 页

3 筋膜球按压背阔肌扳机点训练
每侧 30~60 秒 / 组，1~2 组，无间歇
第 53 页

4 三角肌拉伸训练
每侧 20~30 秒 / 组，1~2 组，间歇 30 秒
第 58 页

5 斜方肌拉伸训练
每侧 20~30 秒 / 组，1~2 组，间歇 30 秒
第 59 页

6 猫式伸展训练
8~10 次 / 组，2~3 组，间歇 30 秒
第 68 页

7 抓肋式胸椎旋转训练
每侧 8~10 次 / 组，2~3 组，间歇 60 秒
第 71 页

8 弹力带水平外展训练
8~10 次 / 组，2~3 组，间歇 60 秒
第 95 页

9 静态侧向平板支撑训练
每侧 15~60 秒 / 组，2~3 组，间歇 60 秒
第 124 页

10 俯卧撑训练
6~12 次 / 组，2~3 组，间歇 60 秒
第 146 页

4.3.3 针对健身人群的肩关节功能强化训练方案

基础方案

1 俯卧呼吸训练（鳄鱼式呼吸）
10~15 次 / 组，2~3 组，间歇 30 秒
第 43 页

2 泡沫轴滚压肩关节后侧训练
每侧 30~60 秒 / 组，1~2 组，无间歇
第 47 页

3 泡沫轴滚压肩关节前侧训练
每侧 30~60 秒 / 组，1~2 组，无间歇
第 48 页

4 泡沫轴滚压胸椎周围软组织训练
30~60 秒 / 组，1~2 组，无间歇
第 67 页

5 胸肌拉伸训练
20~30 秒 / 组，1~2 组，间歇 30 秒
第 56 页

6 背阔肌拉伸训练
每侧 20~30 秒 / 组，1~2 组，间歇 30 秒
第 57 页

7 斜方肌拉伸训练
每侧 20~30 秒 / 组，1~2 组，间歇 30 秒
第 59 页

8
抓肋式胸椎旋转训练
每侧 8~10 次 / 组，2~3 组，间歇 30 秒
第 71 页

9
俯卧 T 字训练
8~10 次 / 组，2~3 组，间歇 60 秒
第 88 页

10
肩胛骨俯卧撑训练
8~10 次 / 组，2~3 组，间歇 60 秒
第 94 页

11
T 形俯卧撑旋转训练
每侧 8~10 次 / 组，2~3 组，间歇 60 秒
第 106 页

12
动态平板支撑训练
8~10 次 / 组，2~3 组，间歇 60 秒
第 129 页

进阶方案

1 90-90 式呼吸训练
10~15 次 / 组，2~3 组，间歇 30 秒
第 45 页

2 筋膜球按压胸小肌扳机点训练 1
每侧 30~60 秒 / 组，1~2 组，无间歇
第 51 页

3 筋膜球按压背阔肌扳机点训练
每侧 30~60 秒 / 组，1~2 组，无间歇
第 53 页

4 筋膜球按压肩胛骨内侧扳机点训练
每侧 30~60 秒 / 组，1~2 组，无间歇
第 54 页

5 泡沫轴滚压胸椎周围软组织训练
30~60 秒 / 组，1~2 组，无间歇
第 67 页

6 胸肌拉伸训练
20~30 秒 / 组，1~2 组，间歇 30 秒
第 56 页

7 背阔肌拉伸训练
每侧 20~30 秒 / 组，1~2 组，间歇 30 秒
第 57 页

8 四点跪姿腰椎锁定胸椎旋转训练
每侧 8~10 次 / 组，2~3 组，间歇 30 秒
第 75 页

9 卧姿麻花拉伸训练
每侧 8~10 次 / 组，2~3 组，间歇 60 秒
第 76 页

10 弹力带抗阻 W 字下拉训练
8~10 次 / 组，3~4 组，间歇 60 秒
第 97 页

11 跪姿壶铃绕颈训练
8~10 次 / 组，3~4 组，间歇 60 秒
第 115 页

12 弹力带动态站姿对角线斜上拉训练
每侧 8~10 次 / 组，1~2 组，无间歇
第 142 页

4.4 针对不同运动的肩关节功能强化训练方案

　　长期进行挥拍类运动、游泳运动和力量训练的人更容易出现肩关节疼痛。这是因为挥拍类运动（例如网球和羽毛球等）不仅对肩关节的灵活性要求极高，而且需要肩关节进行高速运动（羽毛球奥运冠军林丹的杀球速度甚至达到了每小时 301 千米），这意味着若存在动作模式不佳或稳定性不足问题，极易产生急性或慢性肩关节损伤。此外，由于任何需要执行大量重复性过顶动作的运动都存在较高的肩关节损伤风险，游泳运动和力量训练也属于肩关节损伤的高发运动专项。其中，自由泳、仰泳和蝶泳的肩关节损伤风险较蛙泳更大。因此，在日常训练中有意识地进行肩关节功能强化，可有效避免肩关节损伤的产生，同时有益于提升运动表现。

4.4.1 针对持拍类运动的肩关节功能强化训练方案

基础方案

1 仰卧呼吸训练（仰卧腹式呼吸）
10~15 次 / 组，2~3 组，间歇 30 秒
第 44 页

2 泡沫轴滚压肩关节后侧训练
每侧 30~60 秒 / 组，1~2 组，无间歇
第 47 页

3 泡沫轴滚压肩关节前侧训练
每侧 30~60 秒 / 组，1~2 组，无间歇
第 48 页

4 泡沫轴滚压胸椎周围软组织训练
30~60 秒 / 组，1~2 组，无间歇
第 67 页

5　胸肌拉伸训练
20~30 秒 / 组，1~2 组，间歇 30 秒
第 56 页

6　背阔肌拉伸训练
每侧 20~30 秒 / 组，1~2 组，间歇 30 秒
第 57 页

7　弓箭步胸椎旋转训练
每侧 8~10 次 / 组，2~3 组，间歇 60 秒
第 79 页

8　肩胛骨俯卧撑训练
8~10 次 / 组，2~3 组，间歇 60 秒
第 94 页

9　弹力带抗阻 W 字下拉训练
8~10 次 / 组，2~3 组，间歇 60 秒
第 97 页

10　半土耳其举训练
每侧 6~8 次 / 组，2~3 组，间歇 60 秒
第 120 页

进阶方案

1　俯卧呼吸训练（鳄鱼式呼吸）
10~15 次 / 组，2~3 组，间歇 30 秒
第 43 页

2　筋膜球按压胸小肌扳机点训练 1
每侧 30~60 秒 / 组，1~2 组，无间歇
第 51 页

3　筋膜球按压背阔肌扳机点训练
每侧 30~60 秒 / 组，1~2 组，无间歇
第 53 页

4　泡沫轴滚压胸椎周围软组织训练
30~60 秒 / 组，1~2 组，无间歇
第 67 页

5　超级训练带拉伸肩部绕环训练
每侧 8~10 次 / 组，1~2 组，间歇 30 秒
第 64 页

6　超级训练带拉伸肩部后缩训练
每侧 8~10 次 / 组，1~2 组，间歇 30 秒
第 65 页

7　卧姿麻花拉伸训练

每侧 6~8 次 / 组，2~3 组，间歇 60 秒

第 76 页

8　弹力带 45 度斜向外展训练

每侧 8~10 次 / 组，3~4 组，间歇 60 秒

第 96 页

9　单手举壶铃行走训练

每侧 30~60 秒 / 组，3~4 组，间歇 60 秒

第 118 页

10　战绳跪姿双臂交替甩动训练

8~10 次 / 组，3~4 组，间歇 60 秒

第 169 页

4.4.2 针对游泳运动的肩关节功能强化训练方案

基础方案

1 仰卧呼吸训练（仰卧腹式呼吸）
10~15 次 / 组，2~3 组，间歇 30 秒
第 44 页

2 泡沫轴滚压肩关节后侧训练
每侧 30~60 秒 / 组，1~2 组，无间歇
第 47 页

3 泡沫轴滚压肩关节前侧训练
每侧 30~60 秒 / 组，1~2 组，无间歇
第 48 页

4 泡沫轴滚压胸椎周围软组织训练
30~60 秒 / 组，1~2 组，无间歇
第 67 页

5 胸肌拉伸训练
20~30 秒 / 组，1~2 组，间歇 30 秒
第 56 页

6 背阔肌拉伸训练
每侧 20~30 秒 / 组，1~2 组，间歇 30 秒
第 57 页

7 抓肋式胸椎旋转训练
每侧 8~10 次 / 组，2~3 组，间歇 60 秒
第 71 页

8 弹力带水平外展训练
8~10 次 / 组，2~3 组，间歇 60 秒
第 95 页

9 弹力带抗阻夹臂双侧肩外旋训练
8~10 次 / 组，2~3 组，间歇 60 秒
第 112 页

10 战绳跪姿双臂甩动训练
8~10 次 / 组，2~3 组，间歇 60 秒
第 166 页

进阶方案

1 俯卧呼吸训练（鳄鱼式呼吸）
10~15 次 / 组，2~3 组，间歇 30 秒
第 43 页

2 筋膜球按压胸小肌扳机点训练 1
每侧 30~60 秒 / 组，1~2 组，无间歇
第 51 页

3 筋膜球按压背阔肌扳机点训练
每侧 30~60 秒 / 组，1~2 组，无间歇
第 53 页

4 泡沫轴滚压胸椎周围软组织训练
30~60 秒 / 组，1~2 组，无间歇
第 67 页

5 超级训练带拉伸肩部绕环训练
每侧 8~10 次 / 组，1~2 组，间歇 30 秒
第 64 页

6 超级训练带拉伸肩部后缩训练
每侧 8~10 次 / 组，1~2 组，间歇 30 秒
第 65 页

7 抗阻翻书训练
每侧 8~10 次 / 组，2~3 组，间歇 60 秒
第 80 页

8 弹力带迎面后拉训练
8~10 次 / 组，3~4 组，间歇 60 秒
第 111 页

9 弹力带动态跪姿水平拉训练
每侧 8~10 次 / 组，3~4 组，间歇 60 秒
第 141 页

10 战绳跪姿单臂甩动训练
每侧 8~10 次 / 组，3~4 组，间歇 60 秒
第 168 页

4.4.3 针对力量训练的肩关节功能强化训练方案

基础方案

1　俯卧呼吸训练（鳄鱼式呼吸）
10~15 次 / 组，2~3 组，间歇 30 秒
第 43 页

2　泡沫轴滚压肩关节后侧训练
每侧 30~60 秒 / 组，1~2 组，无间歇
第 47 页

3　泡沫轴滚压肩关节前侧训练
每侧 30~60 秒 / 组，1~2 组，无间歇
第 48 页

4　泡沫轴滚压胸椎周围软组织训练
30~60 秒 / 组，1~2 组，无间歇
第 67 页

5　胸肌拉伸训练
20~30 秒 / 组，1~2 组，间歇 30 秒
第 56 页

6　背阔肌拉伸训练
每侧 20~30 秒 / 组，1~2 组，间歇 30 秒
第 57 页

7 斜方肌拉伸训练
每侧 20~30 秒 / 组，1~2 组，间歇 30 秒
第 59 页

8 四点跪姿腰椎锁定胸椎旋转训练
每侧 8~10 次 / 组，2~3 组，间歇 30 秒
第 75 页

9 抗阻对角线胸椎旋转训练
每侧 8~10 次 / 组，2~3 组，间歇 60 秒
第 81 页

10 俯卧 W 字训练
8~10 次 / 组，2~3 组，间歇 60 秒
第 90 页

11 弹力带肩胛骨后缩训练
8~10 次 / 组，2~3 组，间歇 60 秒
第 100 页

12 跪姿壶铃绕颈训练
8~10 次 / 组，2~3 组，间歇 60 秒
第 115 页

进阶方案

1 90-90 式呼吸训练
10~15 次 / 组，2~3 组，间歇 30 秒
第 45 页

2 筋膜球按压胸小肌扳机点训练 1
每侧 30~60 秒 / 组，1~2 组，无间歇
第 51 页

3 筋膜球按压背阔肌扳机点训练
每侧 30~60 秒 / 组，1~2 组，无间歇
第 53 页

4 筋膜球按压肩胛骨内侧扳机点训练
每侧 30~60 秒 / 组，1~2 组，无间歇
第 54 页

5 泡沫轴滚压胸椎周围软组织训练
30~60 秒 / 组，1~2 组，无间歇
第 67 页

6 胸肌拉伸训练
20~30 秒 / 组，1~2 组，间歇 30 秒
第 56 页

7　　背阔肌拉伸训练
每侧 20~30 秒 / 组，1~2 组，间歇 30 秒
第 57 页

8　　卧姿麻花拉伸训练
每侧 8~10 次 / 组，2~3 组，间歇 60 秒
第 76 页

9　　举壶铃胸椎旋转训练
每侧 8~10 次 / 组，3~4 组，间歇 60 秒
第 86 页

10　　弹力带四点跪姿后顶瑞士球抬臂训练
每侧 8~10 次 / 组，3~4 组，间歇 60 秒
第 101 页

11　　土耳其举训练
每侧 4~6 次 / 组，3~4 组，间歇 60 秒
第 164 页

12　　战绳跪姿双臂甩动训练
8~10 次 / 组，3~4 组，间歇 60 秒
第 166 页

作 者 简 介

闫琪

国家体育总局体育科学研究所研究员，博士，上海体育学院客座教授；获得美国国家体能协会体能训练专家（NSCA-CSCS）认证；FMS 国际认证讲师；FMS、SFMA 高级认证专家；国家体育总局备战奥运会体能训练专家组成员；国家体育总局教练员学院体能训练培训讲师；多名奥运会冠军运动员的体能教练；中国人民解放军备战第七届世界军人运动会体能训练专家；中国人民解放军南部战区飞行人员训练伤防治中心专家；曾多次到不同部队进行讲座和提供体能训练指导；获奥运会科技先进个人、全国体育事业突出贡献奖等奖项。

模 特 简 介

周雨

美国明尼苏达大学在读体育管理硕士；

美国明尼苏达大学传播学学士；

全国跳水冠军；

美国全国大学体育协会（NCAA）跳水冠军；

原北京市跳水队队员。

绘 图 者 简 介

乌鸦

80 后品牌设计师；

健身漫画作者；

连载作品包括《健身冷知识》《全网最扎心健身真相》和《健身怪谈》。